Duden Schülerhilfen

Rechtschreibung 7. und 8. Klasse

Zum selbstständigen Wiederholen und Üben

Duden Schülerhilfen

Deutsch

Rechtschreibung 1
2. und 3. Schuljahr

Rechtschreibung 2
3. und 4. Schuljahr

Rechtschreibung 3
4. und 5. Schuljahr

Rechtschreibung 5. und 6. Klasse

Rechtschreibung 7. und 8. Klasse

Grundwortschatz
3. und 4. Schuljahr

Schreibspiele
ab 3. Schuljahr

Lesespiele
ab 3. Schuljahr

Schön schreiben und gestalten
2. bis 4. Schuljahr

Grammatik
4. und 5. Schuljahr

Grammatik 5. und 6. Klasse

Grammatik 7. und 8. Klasse

Aufsatz 1
2. und 3. Schuljahr

Aufsatz 2
3. und 4. Schuljahr

Aufsatz/Erzählen
5. bis 7. Schuljahr

Aufsatz/Beschreibung
7. bis 10. Schuljahr

Aufsatz/Inhaltsangabe
7. bis 9. Schuljahr

Aufsatz/Bericht
8. bis 10. Schuljahr

Aufsatz/Erörterung
8. bis 10. Schuljahr

Diktattrainer 5. Klasse
mit Übungs-CD

Diktattrainer 6. Klasse
mit Übungs-CD

Diktattrainer 7. Klasse
mit Übungs-CD

Diktattrainer 8. Klasse
mit Übungs-CD

Englisch

Englisch 5. Klasse

Englisch 6. Klasse

Englisch 7. Klasse

Englisch 8. Klasse

Englisch 9. Klasse

Englisch 10. Klasse

Mathematik

Grundrechenarten 1
ab 2. Schuljahr

Grundrechenarten 2
ab 3. Schuljahr

Rechenspiele
ab 4. Schuljahr

Gleichungen und Ungleichungen 1
5. und 6. Schuljahr

Lösen von Sachaufgaben
5. und 6. Schuljahr

Flächen und ihre Berechnung 1
5. bis 8. Schuljahr

Dezimalbrüche
6. Schuljahr

Brüche
6. und 7. Schuljahr

Dreisatz und Prozente
6. bis 8. Schuljahr

Gleichungen und Ungleichungen 2
7. und 8. Schuljahr

Dreieckskonstruktionen
7. und 8. Schuljahr

Viereckskonstruktionen
7. und 8. Schuljahr

Bruchgleichungen und Bruchungleichungen
8. Schuljahr

Textgleichungen 1
8. Schuljahr

Textgleichungen 2
7. bis 9. Schuljahr

Quadratische Gleichungen und Ungleichungen
9. Schuljahr

Wurzeln und Potenzen
9. und 10. Schuljahr

Flächen und ihre Berechnung 2
9. und 10. Schuljahr

Trigonometrie
10. Schuljahr

Logarithmen und Exponentialgleichungen
10. Schuljahr

Chemie

Grundlagen der Chemie
8. bis 10. Schuljahr

Weitere Bände sind in Vorbereitung

Duden Schülerhilfen

Rechtschreibung 7. und 8. Klasse

Zum selbstständigen Wiederholen und Üben

2., überarbeitete Auflage

von Dieter Anzlinger, Harald Gesell
und Joachim Kriebel

mit Illustrationen von Detlef Surrey

Dudenverlag
Mannheim · Leipzig · Wien · Zürich

Die Deutsche Bibliothek – CIP-Einheitsaufnahme
Ein Titeldatensatz für diese Publikation
ist bei der Deutschen Bibliothek erhältlich.

Das Wort **Duden** ist für den Verlag
Bibliographisches Institut & F. A. Brockhaus AG
als Marke geschützt.

Das Werk wurde in neuer Rechtschreibung verfasst.
2., überarbeitete Auflage

Redaktion: Heike Krüger
Herstellung: Inge Ohrnberger, Petra Schäffner
Satz: doppelpack, Mannheim
Umschlaggestaltung: Bender & Büwendt, Berlin
Druck: Druckhaus Langenscheidt KG, Berlin
Gedruckt auf Eural Super Recyclingpapier matt gestrichen
Bindearbeit: Schöneberger Buchbinderei, Berlin
Printed in Germany
ISBN 3-411-05692-4

Liebe Schülerin, lieber Schüler!

Diese „Duden-Schülerhilfe“ wird dir dabei helfen, einige Stolpersteine der deutschen Rechtschreibung zu umgehen. Dieser Band widmet sich vor allem dem Stoff, der im Deutschunterricht der 7. und 8. Klasse behandelt wird. Er gibt dir aber auch Gelegenheit das Grundlagenwissen zu wiederholen, das in der 5. und 6. Klasse gelernt wird. Es wurde ausführlich in der „Duden-Schülerhilfe – Rechtschreibung 5. und 6. Klasse“ dargestellt. Wenn du dich damit aber schon bestens auskennst, kannst du diese Einschübe einfach überspringen.
Die **Einführung** am Anfang eines jeden Kapitels wendet sich direkt an dich. Hier wird dir erklärt, was wichtig ist, worauf du also achten solltest. Du kennst diesen Stoff bereits aus deinem Deutschunterricht. Hier, in diesem Buch, kannst du dir jedes Kapitel noch einmal in Ruhe durchlesen. Achte besonders am Anfang darauf, dass du in kleinen Etappen lernst, nimm dir nicht zu viel auf einmal vor. Mit welchem Kapitel du anfangen möchtest, kannst du dir aussuchen.
Im Anschluss an jede Einführung findest du **Aufgaben**, mit denen du das Gelernte einüben kannst. Schau dir die **Lösungen** am Ende des Bandes erst an, wenn du mit den Aufgaben fertig bist.
Wenn du feststellst, dass du die Aufgaben ohne Schwierigkeiten lösen kannst, bitte deine Eltern, einen Mitschüler oder eines deiner Geschwister, dir eines der **Diktate** zu diktieren.
Das Buch ist so aufgebaut, dass du dich in ihm ohne die Hilfe anderer zurechtfinden kannst. Es gibt folgende Zeichen:

Regel/Merksatz .... 

Tipp .... 

Beispiel .... 

Aufgabe

Achtung Falle/Fehlerquelle .... 

Testdiktat .... 

Du wirst sehen, dass du schon nach kurzer Zeit viel sicherer bist und dir die Aufgaben und Diktate leichter fallen.
Und nun wünschen wir dir viel Erfolg und hoffentlich auch ein bisschen Spaß beim Arbeiten mit dieser Duden-Schülerhilfe.

Mannheim, im Januar 2002 — Autoren und Redaktion

Groß- und Kleinschreibung

In der deutschen Rechtschreibung musst du mit vielen Eigenheiten leben. Ein ewiges Problem ist die Unterscheidung zwischen „das“ und „dass“, auch die Zusammen- und Getrenntschreibung gibt manches Rätsel auf. Was aber vielen Deutschen und fast allen Deutsch lernenden Ausländern die meisten Schwierigkeiten bereitet, ist die Groß- und Kleinschreibung. Obwohl du im Folgenden viele Regeln lesen kannst, sind dabei längst nicht alle auftretenden Fälle erfasst. Wenn du auf einen dieser eher seltenen Fälle triffst, schlägst du am besten im „Duden – Die deutsche Rechtschreibung“ nach.

Großgeschrieben

1. *werden Substantive*

der Schüler, die Schülerin, ein Mädchen, eine Schule.

2. ***werden als Substantive gebrauchte Verben, Infinitive, Adjektive und Partizipien. Häufig ist ihnen ein Begleiter (Artikel, Adjektiv, Pronomen, Präposition, unbestimmte Mengenangabe) vorangestellt. Du findest sie in den folgenden Beispielsätzen in Klammern gestellt.***

→ *Verben* bzw. *Infinitive:*

lesen	– *Er behauptet, das (Artikel) Lesen von Comics erweitere die Bildung.*
laufen	– *Sein schnelles (Adjektiv) Laufen brachte ihn außer Atem.*
lachen	– *Unser (Pronomen) Lachen nervt den Lehrer.*
rechnen	– *Im (Präposition) Rechnen ist er ausgezeichnet.*
arbeiten	– *Viel (Mengenangabe) Arbeiten macht müde.*

→ *Adjektive:*

gut	– *viel Gutes tun*
schnell	– *der Schnelle gewinnt*
dunkel	– *im Dunkeln tappen*
allgemein	– *im Allgemeinen gilt*

→ *Partizipien:*

schreiben	→ *geschrieben*	– *etwas Geschriebenes*
helfen	→ *helfend*	– *der Helfende*
folgen	→ *folgend*	– *im Folgenden*

3. ***wird nach Mengenangaben. Die gebräuchlichsten Mengenangaben, nach denen du großschreiben musst, sind allerlei, alles, etwas, genug, manches, nichts, viel, wenig.***

allerlei Gutes, alles Schöne, etwas Geschriebenes, nichts Besonderes.

4. ***werden die Höflichkeitsanrede Sie und das Possessivpronomen Ihr.***

Gestern habe ich Sie gesehen.
Viele Grüße an Ihre Kinder.

Achtung: ***Grundsätzlich werden du, dir, dich usw. – auch in Briefen – kleingeschrieben.***

5. ***werden Adjektive, Partizipien und Pronomen, wenn sie zu mehrteiligen Namen, Titeln oder geographischen Begriffen gehören.***

Karl der Große, Eure Eminenz, der Große Bär,
das Tote Meer, der Stille Ozean.

Achtung: ***Die von geographischen Eigennamen abgeleiteten Wörter auf -er schreibt man immer groß.***

der Kölner Dom, der Mannheimer Dudenverlag.

Die von geographischen Eigennamen abgeleiteten Wörter auf -isch, -ische, -ischer schreibt man klein.

holländische Tulpen, westfälischer Schinken.

Sind sie aber Teil eines Eigennamens, werden sie großgeschrieben.

die Schwäbische Alb

6. ***wird das Wort am Anfang eines Satzes.***

Was? Dazu brauchst du ein Beispiel? Das wundert mich.

7. ***wird das erste Wort einer direkten Rede oder eines selbstständigen Satzes nach einem Doppelpunkt.***

Fritz sagte zu seiner Mutter: „Heute haben wir
keine Hausaufgaben auf. Unser Lehrer muss krank sein."
Kochrezept: Zuerst brauchen Sie fünf Eier

Neben dieser Wiederholung zur Großschreibung solltest du dir noch folgende Regeln merken:

8. ***Pronomen und Zahlwörter werden dann großgeschrieben, wenn sie als Substantive gebraucht werden.***

Jim Knopf und die wilde Dreizehn,
jedem das Seine,
ein Drittes muss noch erwähnt werden,
die Ersten werden die Letzten sein.

9. ***Unbestimmte Zahladjektive werden großgeschrieben, wenn sie als Substantive gebraucht werden.***

alles Übrige, nicht das Geringste, das gewisse Etwas.

Ausnahme: *Die vier häufig gebrauchten Wörter „viel, wenig, eine, andere" werden in den meisten Fällen kleingeschrieben.*

Die einen kommen, die anderen gehen.

10. ***Adverbien, Präpositionen, Konjunktionen und Interjektionen werden großgeschrieben, wenn sie als Substantive gebraucht werden.***

nach manchem Hin und Her,
das Wenn und Aber,
das Entweder-oder.

11. ***Bei Straßen- oder Gebäudenamen werden das erste Wort und alle zum Namen gehörenden Adjektive und Zahlwörter großgeschrieben.***

Der Vierte Mittelweg,
Schmale Gasse,
Zur Neuen Heimat.

12. ***Das erste Wort eines zitierten selbstständigen Satzes wird großgeschrieben.***

Mit ihrem „Was willst du hier?" beleidigte sie ihn sehr.

13. ***Tageszeiten nach den Adverbien vorgestern, gestern, heute, morgen, übermorgen werden großgeschrieben.***

gestern Morgen,
heute Abend,
morgen Nacht.

14. ***Sprach- und Farbbezeichnungen in Verbindung mit Präpositionen werden großgeschrieben.***

Mit unserer Partnerschule verständigen wir uns auf Ungarisch.
Bei Rot bleib stehn, bei Grün kannst gehn.

15. ***Paarformeln mit undeklinierten Adjektiven zur Bezeichnung von Personen werden großgeschrieben.***

Alte und Junge,
Groß und Klein,
Arm und Reich.

Zu den Regeln der Großschreibung kommen noch die Regeln der Kleinschreibung hinzu:

16. ***Werden Substantive als Adverbien oder als Präpositionen gebraucht, schreibt man sie klein.***

Adverbien: *mittags, morgens, mittwochs, anfangs, mitten.*

Präpositionen: *Es schneit trotz der Kälte nicht.*
Ich kann dank deiner Hilfe wieder ruhig schlafen.

17. ***Werden Substantive als unbestimmte Zahlwörter gebraucht, schreibt man sie klein.***

ein paar Tage = einige Tage,

aber: ein Paar Schuhe = zwei zusammengehörige Schuhe.

18. ***Ist ein Adjektiv oder Partizip eine Beifügung zu einem vorangehenden oder nachstehenden Substantiv, wird es kleingeschrieben.***

Dieses Pferd war das schönste und stolzeste,
das er je gesehen hatte.
Er war der schnellste von allen Läufern.

19. ***Superlative in Verbindung mit der Präposition „am", nach denen man mit „wie?" fragen kann, werden kleingeschrieben.***

am besten,
am schnellsten,
am wichtigsten.

20. ***Stehen Frage- oder Ausrufezeichen innerhalb eines ganzen Satzes, schreibt man klein weiter.***

„Wie geht es dir?",
fragte die Lehrerin.
„Glänzend!", antwortete der Schüler.
„Ich habe heute nämlich meine Aufgaben gemacht.

Seit Generationen haben Schüler, Eltern und auch Lehrer Schwierigkeiten mit der Schreibung der folgenden Wörter. Merke sie dir und du schreibst sie richtig.

▶ **Tageszeiten:**

der Morgen	↔	morgens
am Nachmittag	↔	nachmittags
am Sonntag	↔	sonntags
der Samstagmorgen	↔	samstagmorgens
spät in der Nacht	↔	spätnachts
früh am Morgen	↔	frühmorgens
eines Abends	↔	abends

Ist an die Zeitangabe ein s angehängt, schreibt man sie klein. Eine Ausnahme bildet der Genitiv des Substantivs eines Abends.

Tipp!

- **Zahlwörter:**

Tausende von Zuschauern ↔ tausend Zuschauer
ein Zehner ↔ zehn Mark
eine Zwei in Deutsch ↔ zwei gleiche Noten

Wenn du das Zahlwort deklinieren kannst, wird es großgeschrieben. Vergleiche auch die Regel 8 auf Seite 12.

Tipp!

- **Mal – mal:**

mit einem Mal ↔ auf einmal
hundert Male ↔ hundertmal

Wenn du Mal deklinieren kannst, wird es großgeschrieben.

Tipp!

- **Farben**

die Ampel zeigt Rot ↔ die rote Ampel
das Blau des Himmels ↔ der blaue Himmel
Fahrt ins Blaue
ins Schwarze treffen
dasselbe in Grün

Vergleiche Regel 2 und Regel 14!

Präge dir auch noch folgende Besonderheiten ein:

- **Angst**
  Angst machen
  Angst haben

  Mir wird angst.

- **Bange**
  Bange machen
  Bange haben

  Mir ist angst und bange.

- **Leid**
  Leid tun
  Leid antun

  Ich bin es leid.

- **Recht/Unrecht**
  Recht behalten
  Unrecht haben
  Recht bekommen
  Recht geben

  Es ist mir recht.
  Du tust mir unrecht.

- **Schuld**
  Schuld haben
  Schuld geben

  Du bist schuld.

A 1

Zahlwörter

Schreibe die Zahlen in den Klammern als Wörter!

1. Die (13) .... bringt oft Pech.

2. Ich kaufe (1/4) .... Pfund Schinken.

3. Lass uns zusammen noch (1/4) .... trinken.

4. Daniel hat schon wieder eine (2) .... geschrieben.

5. Das war jetzt schon das (3.) .... Mal.

6. Jan kommt schon wieder (10) .... Minuten zu spät.

7. In Deutsch haben nur (3) .... Schüler die (2) .... im Zeugnis.

8. Wenn man (1 000 000) .... in Ziffern schreibt, hat sie (6) .... Nullen.

9. Viele (1000) .... Zuschauer drängten ins Stadion.

10. Die Reparatur wird wieder (100e) .... von Euro kosten.

11. Mein Urlaub beginnt am (20.) .... des Monats.

12. Melanie wurde in ihrem (1.) .... Wettkampf gleich (3.) .... von (8) .... Läufern.

13. Ich komme um (11) .... Uhr.

A 2 Tageszeiten

Setze Groß- oder Kleinbuchstaben in die Leerstellen ein!

1. Ich bin ___eute ___orgen sehr müde.
2. Am ___onntag will mein Süßer mit mir segeln gehen.
3. Die ___eutige Mode ist meist von ___estern.
4. Katja hat sich bis ___eute noch nicht gemeldet.
5. Eines ___achmittags war sie verschwunden.
6. Kalli schreit immer ___bends und manchmal auch spät in der ___acht.
7. Entweder du kommst am ___ontagabend, ___ienstagmittag oder zur Not ___ittwochmorgens.
8. Am ___orgen trinke ich nur Kaffee, zu ___ittag esse ich einen Salat, aber ___achts stopfe ich dann Süßigkeiten in mich rein.
9. Das ist die Hausaufgabe für ___orgen.
10. Ich bleibe ___onntagmorgens am liebsten im Bett, erst gegen ___ittag stehe ich dann auf.

A 3 Farben

Setze Groß- oder Kleinbuchstaben in die Leerstellen ein!

1. Die ___chwarze Ampel zeigt gerade ___rün.
2. Beeil dich, bei ___ot musst du anhalten.
3. Seine Ohren wurden ___ot wie eine Laterne.

4. Unter ___lauem Himmel sah man das erste ___rün in der Landschaft.
5. Der ___rote Pullover passt gut zu deinen ___chwarzen Haaren.
6. Papas Auto ist in ___ilber lackiert.
7. Das Garagentor ist ___elb bemalt.
8. Der Maler hat zu viel ___ot aufgetragen.
9. Ich habe meine Jeans ___rün gefärbt.
10. Mein Fahrrad ist ___lau, denn meine Lieblingsfarbe ist ___lau.
11. Ich liebe allerdings auch ___chwarz.
12. Nur ___raune Farbtöne mag ich gar nicht.

A 4 **Mal groß, mal klein!**
Setze die vorangestellten Wörter in die Leerstellen!

1. *Angst* Obwohl du mir .... machen willst, habe ich keine ....
2. *beide* Hallo, ihr ....
3. *Dank* Ich bin dir zu großem .... verpflichtet, denn .... deiner Aufmerksamkeit lebe ich noch.
4. *paar* Heutzutage kostet ein .... Schuhe nicht nur ein .... Cents.
5. *Recht* Du hast kein .... dazu, immer .... zu bekommen.
6. *Schuld* Du bist .... daran, dass ich meine .... am Unfall meiner Schwester nicht zugegeben habe.
7. *Bescheid* Werner, sag mal .... !

8. *dunkel* Da der Täter im .... entkam, tappt die Polizei mit ihren Ermittlungen immer noch völlig im ....

9. *wichtig, still* Am .... ist es mir, ganz ruhig im .... zu sitzen.

10. (rein) Birgit schreibt den Aufsatz ins ....

A 5 Überlege, ob du die Adjektive und Verben groß- oder kleinschreiben musst!

1. Wir wissen wenig **(n)**eues.
2. Die guten Schüler lernen in der Schule leicht, die **(s)**chlechten tun sich dagegen schwer.
3. Alles **(m)**oderne ist mir zuwider.
4. Es ist verboten, im Schulhaus zu **(s)**chreien, auch das **(r)**auchen ist nicht erlaubt.
5. Er wurde beim **(a)**bschreiben erwischt.
6. Ich bin sehr müde vom **(s)**chwimmen.

7. Neben (u)nwichtigen Dingen hat er auch allerlei (i)nteressantes in seiner Sammlung.

8. Dieses Lied meines Lieblingssängers ist sein (n)euestes.

9. Simone hat nicht nur (g)utes zu berichten.

10. Ich kann mich beim (b)asteln gut entspannen.

A 6 Überlege, ob du groß- oder kleinschreiben musst!

1. Der Lehrer hört jeden (e)inzelnen ab.

- to spoil → verderben
- subject → Schulfach
- to be sick of → etwas satt haben

2. Am (l)etzten des Monats muss das Geld auf meinem Konto sein.

3. Im (g)roßen und (g)anzen bin ich zufrieden.

4. Heute geht es mir zum ersten (m)al wieder gut.

5. Ich werde versetzt, alles (a)ndere ist unwichtig.

6. Es ist das (w)enigste, dass du dich bedankst.

7. Er spielt (t)rotz seiner Verletzung.

8. Da kannst du jeden (b)eliebigen fragen.

9. Du kommst jetzt ohne (w)enn und (a)ber mit nach Hause!

10. Zur Party kamen (g)roß und (k)lein, (a)lte und (j)unge.

11. Nicht nur (d)icke gehen mit dir durch (d)ick und (d)ünn.

Schulangst

Eines Morgens hörte die Mutter aus dem Schlafzimmer ihres Sohnes lautes Rufen: „Heute will ich nicht in die Schule gehen." „Aber mein Lieber, ist denn heute etwas Besonderes oder ist der Unglück bringende Dreizehnte?", fragte die Mutter. „Nein, Mama." „Na also, dann ist es doch das Mindeste, dass du jetzt aufstehst. Mach doch bitte nicht so ein Hin und Her." „Ich will aber nicht zur Schule." „Aber mein Sohn, du weißt doch, in ein paar Jahren ist alles vorbei. Außerdem haben dich doch die Kinder in der Schule sehr lieb." „Nein, Mama." „Ich will aber nicht schuld sein an deinen Versäumnissen. Und überlege doch einmal, im Großen und Ganzen haben dich doch die Lehrerinnen und Lehrer lieb." „Nein, Mama." „Das erstaunt mich aufs Äußerste. Erst gestern habe ich eine Lehrerin an der Kreuzung Edenkobener Straße / Im Vierten Mittelweg getroffen. Sie ist die freundlichste der Schule und sie sagte zu mir: ‚Sehen Sie aber gut aus!'" „Mit diesem ‚Sehen Sie aber gut aus!' wollte sie dir nur schmeicheln." „Aber nein. Das hätte jede Beliebige gesagt, sie aber nicht. Aber du musst jetzt in die Schule. Auch Friedrich der Große musste in die Schule." „Ich gehe aber nicht." „Also, anfangs habe ich dich noch verstanden, aber jetzt …? Ich weiß nämlich genau, dass die Sekretärin dich lieb hat." „Nein, Mama." „Aber der Hausmeister, der hat dich bestimmt lieb." „Der auch nicht. Ich will nicht in die Schule, weil mich dort keiner lieb hat." „Aber Kind, du musst in die Schule gehen. Du bist doch der Direktor."

7 Stelle fest, nach welcher Regel die problematischen Wörter groß- oder kleingeschrieben werden. Sie sind im Diktattext blau geschrieben.

Kaspar Hauser

A Am zweiten Pfingsttag des Jahres 1828 geschah in Nürnberg etwas **Unerhörtes: Zwischen** vier und fünf Uhr **nachmittags** sah ein **Nürnberger** Bürger einen **Sechzehnjährigen** auf der Straße stehen. Der junge Bursche fiel durch seine Körperhaltung auf. Kaum gelang es ihm, gerade zu stehen, noch schwerer fiel es ihm, sich vorwärts zu bewegen. Der **Nürnberger** tat sein **Möglichstes,** um mit dem Knaben in Kontakt zu kommen. Aber außer **Stammeln** war dem **Unbeholfenen** nichts zu entlocken. Auf **einmal** entdeckte der **Fragende** einen Brief. *(80 Wörter)*

B Der **Junge** hielt ihn in den Händen. Aufs **Äußerste** gespannt(,) griff der Bürger nach dem Umschlag und brachte den **Fremden** zu der angegebenen Anschrift: dem Haus eines Rittmeisters. Das **Gehen** bereitete dem **Unbekannten** große Mühe und Schmerzen. Am Ziel angekommen(,) versuchte man wiederum, ihm etwas **Neues** zu entlocken. Erneut war er nicht in der Lage, sich verständlich zu machen. Zum **Essen** wollte er nur Brot und Wasser. Anschließend verfiel er in einen tiefen **Schlaf.** Der Rittmeister befahl daraufhin **Folgendes:** „So **Leid** es mir tut, der Junge kann **trotz** meines Mitgefühls nicht hier bleiben. Ich habe mein **Möglichstes** getan, um alles **andere** muss sich die Polizei kümmern." Also brachte man ihn am späten **Abend** zur Polizei. Auch dort wusste man sich keinen Rat, da auch der Inhalt des Briefes die Herkunft des Findlings im **Dunkeln** ließ. Aus seinem **Stottern** konnte man keine Schlüsse auf seine Herkunft ziehen. Daher gab man ihm eine Feder und forderte ihn auf(,) etwas zu schreiben. Zum **Erstaunen** aller **Anwesenden** schrieb er in leserlichen Buchstaben seinen Namen: Kaspar Hauser. *(172 Wörter)*

C Jetzt war zwar sein Name **schwarz** auf **weiß** zu lesen, alles **Übrige** blieb aber weiterhin im **Ungewissen.**
Bei einer Untersuchung seiner Gesundheit stellte der Arzt fest, dass Kaspar zwar im **Großen** und **Ganzen** gesund wirkte, allerdings war am rechten Arm eine Wunde zu sehen. Diese konnte ihm erst vor **kurzem** beigebracht worden sein. Besonders auffällig war die Missbildung seiner

Kniegelenke. Erst später erfuhr man das **Unglaubliche,** das diesem **Jungen** zugestoßen war: Kaspar hatte sein bisheriges **Leben** in einem Loch zubringen müssen, das ihm niemals das **Ausstrecken** des gesamten Körpers erlaubt hatte. Er war während des **Wachens** und **Schlafens** immer gezwungen gewesen, mit gerade angelehntem Rücken an der Wand zu sitzen. Eine Vorrichtung, über die er nicht genau **Bescheid** wusste, hatte zusätzlich seine Knie verunstaltet.
Was der **Unglückliche** weiterhin berichtete, übersteigt jede Vorstellung: Bis er vor **kurzem** in Nürnberg auf die Welt gekommen war, wie er es nannte, hatte er nichts von der Existenz einer Menschenseele außer der **seinen** und der seines Wärters gewusst. Er hatte weder das **Helle** des Tages noch das **Dunkel** der Nacht gekannt, weder Sonne, Mond und Sterne noch Menschen und Tiere. In seinem Kerker hatte er niemals einen **Laut** gehört. Aber das war noch nicht **alles.** *(200 Wörter)*

D Sein **Essen** und **Trinken** hatte nur aus Brot und Wasser bestanden. Manches **Mal** war dieses Wasser kaum genießbar gewesen. Trotzdem war es ihm nicht möglich gewesen, das **Trinken** zu unterlassen. Die **Folge** davon war ein tiefer Schlaf gewesen. Nach dem **Erwachen** hatte er immer saubere Kleider getragen und irgendjemand, wahrscheinlich sein Wärter, hatte ihm während dieser Zeit auch Haare und Nägel geschnitten. Der **Nämliche** war es auch gewesen, der ihm zwei hölzerne Pferde und bunte Bänder als Spielzeug geschenkt hatte. Sie hatten ihm zum **Spielen** und zur **Unterhaltung** gedient und waren sein **Ein** und **Alles** gewesen. Er hatte die Tiere immer aufs **Neue** geschmückt und sich an ihrer Pracht gefreut. Trotz aller Qualen, die ihm sein Wächter zugefügt hatte, gab er diesem aber keine **Schuld** an seinem derzeitigen **Leben.** Er verteidigte ihn vielmehr so gut wie möglich gegen alle Anschuldigungen.
Aber wollen wir noch **einmal** zur **Nürnberger** Polizeiwache zurückkehren. Dort war man sich nicht darüber im **Klaren,** ob man ihn für einen Betrüger, der die **Gutmütigen** nur zum **Besten** hielt, oder einen **Wahnsinnigen** halten sollte. Die besonders **Schlauen** meinten, man dürfe auch die Möglichkeit nicht außer **Acht** lassen, dass er von einem fremden Planeten komme. Wer von all den **Klugen Recht** behalten sollte, das war die große Frage, die jeden brennend interessierte. *(212 Wörter)*

E Dass Kaspar jegliches **Wissen** über die Welt fehlte, zeigte sich, als er zum **ersten Mal** eine brennende Kerze sah. Ohne langes **Zögern** griff er in die Flamme und verbrannte sich die Hand. Auch ein Spiegel brachte ihn zum **Staunen.** Dass er auf der Rückseite dieses Spiegels keinen Menschen fand, rief **Erschrecken** und **Entsetzen** in ihm hervor. Wie ein kleines Kind versuchte er(,) **Glänzendes** anzufassen. Konnte er es nicht erreichen, rief sein lautes **Weinen** bei allen Mitleid hervor. Etwas ganz **Besonderes** waren seine Bezeichnungen für alles **Lebendige.** Menschliche Wesen, egal ob Mann oder Frau, **Groß** oder **Klein, Alt** oder **Jung,** nannte er „Bub". Für jedes Tier, das vor seine Augen kam, unabhängig davon, ob es ein **zweibeiniges** oder ein **vierbeiniges** war, hatte er nur den Namen „Ross". Vor dem tiefen **Schwarz** einer Henne hatte er furchtbare **Angst,** die weiße Farbe dagegen bereitete ihm Freude.

Ein Polizist schenkte Kaspar eines Tages ein hölzernes Pferd. Ein **Strahlen** ging über das Gesicht des Jünglings und er begann(,) das Tier mit **Streicheln** und **Tätscheln** zu verwöhnen. Nach einiger Zeit besaß er mehrere Holzpferde, die er fortwährend mit bunten Bändern schmückte. Als er sich **einmal** den Finger an einem Holzpferd quetschte, beklagte er sich darüber, dass das Tier ihn gebissen habe.

(205 Wörter)

F Natürlich dauerte es nicht lange, bis sich **Neugierige** von **nah** und **fern** einfanden(,) um Kaspar zu bestaunen. Man betrachtete ihn als **Wilden,** den man zähmen musste. Jegliches Mitgefühl außer **Acht** lassend(,) begaffte man ihn, und andauernd wurde versucht, ihm **Unbekanntes** bekannt und **Unverständliches** verständlich zu machen. Aber zusammenhängendes **Reden** und **Erzählen** konnte Kaspar unter diesen Umständen nicht erlernen. Trotzdem merkte man, dass er alles **Neue** aufsog wie ein Schwamm und alles **einmal Aufgefasste** sicher im Gedächtnis behielt.

Es konnte nicht ausbleiben, dass manches **Unglaubliche** und **Widersprechende** über Kaspar verbreitet wurde. Um nicht weiter im **Dunkeln** zu tappen(,) kümmerten sich ein Professor und der **Erste** Bürgermeister

der Stadt Nürnberg um ihn. Die **beiden** versuchten(,) durch ständiges **Hin**- und **Herfragen** Licht in das **Dunkel** der Herkunft Kaspar Hausers zu bringen. Dabei erfuhren sie zwar **dank** ihres Einfühlungsvermögens, das sie Kaspar im großen Maße entgegenbrachten, vom **Leid** des **Hilflosen** in seinem Gefängnis, alles **andere** jedoch blieb im **Ungewissen.**
Nach einiger Zeit konnte er bestimmte Worte ohne großes **Stocken** und **Stammeln** sprechen. Allerdings war er immer noch nicht in der Lage, Sätze zu formulieren. Sprach man ihn an, durfte man nicht das vertraute **„du“** benutzen, sondern musste „Kaspar“ zu ihm sagen. Des **Öfteren** übertrug er spezielle Begriffe auf **Allgemeines.** So beschrieb er einen Mann mit einem dicken Bauch als „den Mann mit dem Berg“, da er jede Erhöhung oder Ausbuchtung mit „Berg“ bezeichnete.
Etwas ganz **Besonderes** war das fast **Übernatürliche,** das seine Sinne auszeichnete. *(240 Wörter)*

G Für Kaspar gab es weder Nacht noch Dunkelheit. Sein **Sehen** war so ausgeprägt, dass es für ihn ein **Leichtes** war, sogar in der Finsternis Farben zu unterscheiden. Mit **Lachen** betrachtete er die Versuche seiner Gönner, die, **Blinden** gleich, **nachts** durch das Haus irrten. Sein Gehör war so fein, dass er auf große Entfernungen die Schritte von Wanderern hören und unterscheiden konnte. Am **besten** von allen seinen Sinnen war das **Riechen** ausgebildet, das ihn aufs **Äußerste** plagte. Was für die **Übrigen** ohne Geruch war, bereitete Kaspar die größten Schmerzen.
Je mehr Kaspar sich an die Menschen gewöhnte, umso mehr verlor er diese Besonderheit. Aber nicht nur davor musste er **Angst** haben. Je besser sich Kaspar ausdrücken konnte, desto mehr fürchteten die **Verantwortlichen** für seine Qualen die Entdeckung. Mehrere Versuche(,) Kaspar Hauser zu ermorden(,) schlugen fehl, bis er 1833 einem Attentat zum Opfer fiel. Bis heute ist man sich nicht darüber im **Klaren,** wer Kaspar Hauser war. Vieles spricht dafür, dass er ein **badischer** Prinz war, der wegen Streitigkeiten um die Thronfolge **Leid** und **Tod** erdulden musste. *(176 Wörter)*

Getrennt- und Zusammenschreibung

Für die Getrennt- und Zusammenschreibung gibt es leider viele Regeln, die sicherlich auch deinen Deutschlehrer manchmal an den Rand der Verzweiflung treiben. Um dir dieses Schicksal zu ersparen(,) wollen wir nur die wichtigsten Fälle anführen.

Verbindungen, die **einen** Begriff bilden, schreibt man natürlich zusammen. Dazu gehören unter anderem:

Substantiv + Substantiv:	→	**Klassenlehrer**
Partikel (Adverb, Präposition) + Verb:	→	**vorbeibringen, ankommen**
Adjektiv + Adjektiv:	→	**nasskalt, taubstumm**
Substantiv + Adjektiv:	→	**meterhoch**

2 Getrennt- und Zusammenschreibung

Es ist wirklich oft nicht einfach zu entscheiden, ob Wortgruppen getrennt geschrieben werden, oder ob es sich um Zusammensetzungen handelt, die zusammengeschrieben werden. Grundsätzlich aber solltest du davon ausgehen, dass getrennt geschrieben wird!

Die folgenden Regeln gelten für die Getrenntschreibung:

A. Verbindungen mit einem Verb als zweitem Bestandteil.

1. ***Verbindungen mit sein werden immer getrennt geschrieben.***

da sein, dabei sein.

2. ***Ist der erste Bestandteil eine Ableitung auf -ig, -isch, -lich, wird immer getrennt geschrieben.***

ruhig bleiben, logisch denken,
deutlich machen.

3. ***Ist der erste Bestandteil ein Verb, wird getrennt geschrieben.***

spazieren gehen,
sitzen bleiben.

4. ***Ist der erste Bestandteil ein Substantiv, das eindeutig als solches gebraucht wird, wird getrennt geschrieben.***

Auto fahren, Rad fahren,
Eis laufen, Angst haben.

5. ***Ist der erste Bestandteil ein Adjektiv, das gesteigert oder erweitert werden kann, wird getrennt geschrieben.***

leicht fallen, leichter fallen, gut gehen,
besser gehen, fest halten, fester halten.

Achtung: ***Auch hier gibt es Zusammensetzungen, die einen Begriff bilden.***

frohlocken, langweilen, freisprechen.

B. *Verbindungen mit einem Adjektiv als zweitem Bestandteil.*

1. *Ist der erste Bestandteil eine Ableitung auf -ig, -isch oder lich, wird getrennt geschrieben.*

riesig groß, verführerisch leicht.

2. ***Kann der erste Bestandteil gesteigert oder erweitert werden, wird getrennt geschrieben.***

schwer verständlich, schwerer verständlich.

Für die Getrennt- und Zusammenschreibung von Straßennamen u. Ä. gilt:

Man schreibt zusammen, wenn

→ ***das erste Wort (Bestimmungswort) unverändert ist.***
Z. B.: Schillerstraße, Neumarkt, Hochstraße.

→ ***aus Gründen des besseren Klanges ein n, s oder en eingeschoben ist.***
Z. B.: Sperlingsgasse.

Man schreibt getrennt, wenn

→ ***das erste Wort (Bestimmungswort) verändert ist.***
Z. B.: Mannheimer Straße, Hohle Gasse.

→ ***Straßennamen mit Präpositionen gebildet werden.***
Z. B.: Am Neuen Markt.

Man schreibt mit Bindestrich, wenn

→ ***ein Straßenname durch mehr als ein Bestimmungswort gebildet wird.***
Z. B.: Max-Weber-Platz, Niklas-Anzlinger-Allee.

Für die Getrennt- und Zusammenschreibung bei zu gilt:

Man schreibt zusammen, wenn

→ ***„zu" betont wird.*** – *Der Teich wird zufrieren.*
– *Die Post wird ihm die Ware zusenden.*

Man schreibt getrennt, wenn

→ ***„zu" nicht betont wird.*** – *Sie hasst es zu frieren.*
– *Der Radiosender hört auf zu senden.*

Für die Getrennt- und Zusammenschreibung von nach dem + nachdem, seit dem + seitdem und in dem + indem gilt:

Man schreibt zusammen, wenn

→ ***die Begriffe als Konjunktion gebraucht werden.***

Nachdem er gearbeitet hatte, spielte er.
Seitdem er spielte, arbeitete er nicht mehr.
Indem er spielte, hielt er sich gesund.

Man schreibt getrennt, wenn

→ ***die Begriffe als Präposition + Artikel gebraucht werden.***

Nach dem Essen spielt er.
Seit dem Spiel hat er nicht mehr gearbeitet.
Es war keinerlei Spannung in dem Spiel.

Mit Bindestrich schreibt man

→ ***zusammengesetzte Wörter, wenn ein gemeinsamer Bestandteil nur einmal genannt wird.***

Zusammen- und Getrenntschreibung, Hin- und Rückfahrt.

→ ***Zusammensetzungen mit Zahlen, Buchstaben, Formelzeichen oder Abkürzungen.***

ein 1-Cent-Stück, U-Bahn, y-Strahlen, n-fach, UKW-Sender.

Achtung: ***Zahlen mit Nachsilben schreibt man ohne Bindestrich zusammen.***

5fach, 68er-Jahrgang, 5%ig, 34stel.

→ ***Zusammensetzungen aus Wortgruppen.***

das In-den-April-Schicken, die Sturm-und-Drang-Jahre, 56-Cent-Briefmarke, 100-m-Lauf, 7:3-Sieg.

Wenn du einzelne Wörter hervorheben willst oder sie dir unlesbar erscheinen, kannst du einen Bindestrich verwenden oder alles zusammenschreiben. **Beides** ist richtig.

Ich-Sucht / Ichsucht,
Soll-Stärke / Sollstärke,
Tee-Ernte / Teeernte.

Solltest du – was wir verstehen können – von diesem Kapitel die Nase gestrichen voll haben, beginne einfach mit den Übungen!
Ansonsten hier drei „Überlebenshilfen“:

Im Zweifelsfall getrennt!

→ Sind zwei Wörter so miteinander verbunden, dass sie eine Bedeutung haben, schreibt man sie zusammen.

todkrank, bitterböse, supercool, das Wetter vorhersagen.

→ Haben die beiden Wörter ihre Selbstständigkeit bewahrt, so werden sie getrennt geschrieben.

Das hättest du mir vorher sagen sollen.

→ In Zweifelsfällen sollte man immer getrennt schreiben.

2 Getrennt- und Zusammenschreibung

A 1 Lies laut und betone die hervorgehobenen Buchstaben.
Ordne die Verben in unten stehende Tabelle ein.

Dieses Sauwetter konnte niemand vorhersagen.
Wenn du keine Zeit hast, kannst du es mir vorher sagen.

Wir können das Klavier nur zusammen tragen.
Für unseren Deutschlehrer müssen wir viele Zeitungsausschnitte zusammentragen.

Der Sheriff will sein Pferd festbinden.
Dazu muss er die Schleife fest binden.

Der Richter muss die Angeklagte freisprechen.
Beim Vortrag eines Referats solltest du frei sprechen.

Ich lasse mir die Zinsen gutschreiben.
Harald kann für sein Alter relativ gut schreiben.

Zusammenschreibung → eine Betonung → keine Sprechpause	Getrenntschreibung → zwei Betonungen → Sprechpause

A 2 Setze ein und forme bei Bedarf um!

→ *zu schlagen / zuschlagen*
Du solltest nicht gleich die Tür ....

→ *zu ziehen / zuziehen*
Kannst du bitte die Vorhänge ....

→ *zu teilen / zuteilen*
Ich werde versuchen(,) die Schokolade gerecht ....

→ *zu hören / zuhören*
Vielen Schülern fällt es schwer, dem Lehrer immer ....

→ *zu frieren / zufrieren*
Bei diesem Wetter wird der Teich bestimmt bald ....

→ *zu senden / zusenden*
Ich bitte dich(,) mir das Buch ....

→ *zu geben / zugeben*
Es ist nicht immer einfach, seine Schuld ....

→ *zu spielen / zuspielen*
Es macht keinen Spaß, immer allein ....

→ *zu drehen / zudrehen*
Jeden Wasserhahn sollte man fest ....

→ *zu kleben / zukleben*
Denk daran, den Brief gut ....

→ *zu drücken / zudrücken*
Bei meiner Tochter Jana muss
ich manchmal beide Augen ....

→ *zu machen / zumachen*
Nach dem Trinken sollte man eine Flasche immer ....

→ *zu schließen / zuschließen*
Unsere Tür muss man nicht ....

A 3 Setze richtig ein!

nach dem – nachdem – seit dem – seitdem – in dem – indem

.... wir einen neuen Trainer haben, gewinnen wir wieder, denn wir vergnügen uns .... eigentlichen Training noch .... Kraftraum. Wir verbessern dabei unsere Form, ... wir Gewichte stemmen. .... das Training beendet ist, gehen wir nach Hause. Allerdings fühlte sich Niklas .... letzten Training nicht mehr fit. Er ging sogar .... Essen sofort schlafen und war .... letzten Trainingstag nicht mehr in der Schule. Er blieb daheim, ... Haus, das seinen Eltern gehört.

Seine Zeit verbrachte er, ... er Computer spielte. Die Eltern sind der Meinung, ... wir so hart trainieren, sei Niklas immer wieder krank. Ich allerdings denke, ... wir Sport treiben, bleiben wir gesund.

A **4** Berichtige die folgenden Straßenschilder:

Schiller-Platz ____________________

auf-dem-Sand ____________________

Wienerstraße ____________________

An Der Alten Mühle ____________________

Sperlings Gasse ____________________

Wald Park ____________________

Augusta – Anlage ____________________

Thomas Mann Allee ____________________

Test

Kaum zu glauben!

Händeringend kommt eine Frau zum **Nervenarzt** und jammert: „Helfen Sie mir **irgendwie!** Mein Mann bildet sich **zurzeit** ein(,) ein Pferd zu sein. Er will **zu Hause** nur Hafer fressen und wiehert **stundenlang.**“

„Das scheint ja ein schwerer **Krankheitsfall** zu sein“, sagt der Arzt, „die Behandlung kann **jahrelang** dauern und Sie werden meinem Konto viel Geld **gutschreiben** müssen. Es wird nämlich sicherlich nicht **leicht fallen,** Ihren **Ehemann wieder herzustellen.**“
Darauf antwortet die Frau: „Ach, mein Gott, **Bargeld** spielt **diesmal glücklicherweise** keine Rolle. Schließlich gewinnt mein Mann **nahezu** jedes Rennen!“ *(87 Wörter)*

Der rettende Einfall

Irgendwo im **staubtrockenen Nordafrika** spielte sich **einmal** folgende **Aufsehen erregende** Geschichte ab: **Not leidende Eingeborene** fingen einen Missionar und wollten alles **daransetzen,** ihn **umzubringen.** Nach der **Stammessitte** sollte der Gefangene die **Todesart** selbst bestimmen, und zwar **dadurch,** dass er eine Behauptung **aufstellte.** Der Medizinmann erklärte ihm: „Wenn ich deine Behauptung als wahr **anerkenne,** dann wirst du mit vergifteten **Pfeilspitzen** getötet. Betrachte ich sie dagegen als Lüge, dann musst du im Feuer **zugrunde** gehen.“ Der Missionar überlegte einige **Minuten lang, nachdem** man ihm die Bedingungen **bekannt gegeben** hatte. Dann hatte er einen

sehr guten Einfall. Er formulierte seine Antwort so, dass es unmöglich war, ihn **umzubringen.**
Soweit ich weiß und **soviel** ich gehört habe, ließen sie ihn tatsächlich laufen! *(118 Wörter)*

5 Was hat er gesagt? Du kannst bei den Lösungen nachschauen!

Test

Hurrikane

A Hurrikane, die je nach **Erdteil** auch Zyklone oder Taifune heißen können, sind gefährliche **Wirbelstürme.** Sie entstehen **vor allem** in tropischen Gebieten. Unter der **glühend heißen Sommersonne** steigt warme Luft nach oben und schafft **dadurch** ein kleines **Tiefdruckzentrum,** um das herum Stürme mit Geschwindigkeiten von 120 **Stundenkilometern** und mehr toben. Die **Luftmassen,** die um das Zentrum brausen und **herumwirbeln,** können sogar eine **Höchstgeschwindigkeit** von 300 km/h erreichen.
Auf seinem Weg in höhere Breiten wachsen Geschwindigkeit und Stärke des Hurrikans und der **Durchmesser** des Wirbels kann über 600 **Kilometer** erreichen. Mit einer **Spitzengeschwindigkeit** von über 300 km/h bewegen sich diese Stürme vorwärts. **Normalerweise** ziehen sie immer **zuerst** von Osten nach Westen, um **anschließend** nördlich des Äquators nach Norden, südlich davon nach Süden **einzuschwenken.** Es dauert **durchschnittlich** zehn Stunden, bis der Hurrikan an einem bestimmten Ort **vorbeigezogen** ist, **wobei** er sich über dem **Festland infolge** der **Reibungswirkung** meist bald **auflöst,** während er auf Inseln und in **Küstengebieten** schwerste Verwüstungen **anrichtet.** *(157 Wörter)*

B In dem Zentrum herrscht **Windstille,** die aber **ausgesprochen** trügerisch ist: das **so genannte** Auge des Hurrikans. Gewaltige **Luftmassen** werden in eine **spiralförmige** Drehung versetzt. **Dadurch** werden Luft und Wolken vom Zentrum nach außen gedrückt, **sodass** in der Mitte eine Zone von etwa 20 **Kilometern Durchmesser** entsteht, die **verhältnismäßig wolkenarm** und **windschwach** bleibt. **Ringsum allerdings**

wirbeln die jagenden Stürme **beinahe** in einem geschlossenen Kreis. **Wolkenbruchartige Regenschauer** prasseln **ununterbrochen herab** und die **Riesenwellen,** durch die **umspringenden** Winde **gegeneinander gepeitscht,** türmen sich **zuweilen** über **fünfzehn** Meter hoch. Es ist, als würde die See von **übernatürlichen** Gewalten zerfetzt, die alles zu vernichten suchen. Wer ein solches **Naturereignis irgendwann kennen gelernt** hat, kann es **gar nicht** wieder vergessen. *(113 Wörter)*

Fremdwörter

Wie ihr sicher wisst, gibt es in unserer Sprache viele Wörter, die aus anderen Ländern stammen. Diese Begriffe nennt man **Fremdwörter**. Ein großer Teil von ihnen ist entbehrlich und kann durch deutsche Ausdrücke ersetzt werden. Andere jedoch können nur sehr umständlich oder unvollkommen umschrieben werden und sind daher fester Bestandteil der deutschen Sprache. Fast alle diese Wörter stammen aus dem Griechischen, dem Lateinischen, dem Französischen, dem Englischen und dem Italienischen. Zwar gibt es natürlich keine festen Regeln für die Schreibung von Fremdwörtern, doch wird vieles leichter, wenn man sich einige Auffälligkeiten merkt:

3 Fremdwörter

1. ***Fremdwörter werden häufig mit ph, rh, th oder y geschrieben.***

   Physik, Rheuma, Theater, Lyrik.

2. ***Fremdwörter enden häufig auf ie.***

   Demokratie, Geographie.

3. ***Fremdwörter haben im Wortinnern meistens nur i.***

   Maschine, Lawine.

4. ***Schreibung und Aussprache eines Fremdworts richten sich nach dem Herkunftsland.***

   Team (aus dem Englischen),
   Tourist (aus dem Englischen),
   Razzia (aus dem Arabischen ins Französische übernommen).

5. ***Werden Fremdwörter oft gebraucht, gleichen sie sich häufig nach und nach der deutschen Sprache an!***

   Telephon – Telefon,
   Friseur – Frisör,
   Joghurt – Jogurt,
   Cousine – Kusine,
   Phantasie – Fantasie,
   Nougat – Nugat.

Tipp!

Die Silben phon/phot/graph und der Delphin können auch mit f geschrieben werden.
Aus th kann nur bei Panther und Thunfisch t werden.

Leider kann es sein, dass dir die richtige Schreibung von Fremdwörtern oft Schwierigkeiten bereitet. Zu diesen „normalen" Probleme kommen noch die folgenden zwei Besonderheiten hinzu:

1. Pluralbildung

mit „e"	mit „s"	mit „en"
Diktate	*Tests*	*Motoren*
Vitamine	*Bars*	*Chroniken*
Symptome	*Jets*	*Propheten*
Telefone	*Billetts*	*Architekten*
Prospekte	*Radios*	*Universitäten*
Pakete	*Restaurants*	*Tyrannen*
Akkorde	*Schecks*	*Reparaturen*
Mikrofone	*Rallyes*	*Bibliotheken*
Systeme	*Twens*	*Assessoren*
Delphine/Delfine	*Portiers*	*Korrekturen*

Bei einigen Wörtern ist auch eine doppelte Pluralbildung möglich:

mit „e"	mit „s"	mit „en"
	Kontos	*Konten*
	Risikos	*Risiken*
Atlasse		*Atlanten*
Globusse		*Globen*

2. Zusammengesetzte Fremdwörter

→ Bei zusammengesetzten Fremdwörtern werden alle substantivischen Bestandteile großgeschrieben:

Corpus Delicti, Rock 'n' Roll.

→ Bei zusammengesetzten englisch-amerikanischen Fremdwörtern gilt meist die Zusammenschreibung:

Hotdog, Comicstrip, Wildcard.

Diese beiden Regeln helfen dir in den meisten Fällen, zusammengesetzte Fremdwörter richtig zu schreiben.

Die folgende Übersicht gibt einen Überblick, aus welchen Sprachen Wörter in abgewandelter Form ins Deutsche übernommen worden sind.

→ Fremdwörter aus dem **Lateinischen** (sie stammen häufig aus den Bereichen Wissenschaft, Kunst und Militärwesen):

-ion: *Stadion, Station, Operation, Tradition, Portion, Konstruktion.*
-ant: *Konsonant, Querulant, Demonstrant, Ministrant.*
-al: *Quartal, sozial, Lokal, kolossal.*
-us: *Radius, Exitus.*
-tät: *Fakultät, Qualität, Universität, Identität, Quantität.*
-um: *Publikum, Linoleum, Petroleum.*
-or: *Doktor, Professor, Direktor, Assessor, Korridor.*
v = w: *Villa, November, Vase, Violine, Vulkan, Nervosität.*
v = f: *Veilchen, Nerven.*
-k-: *Diktat, Musik, Fabrik, Insekt, Lektüre, perfekt, Doktor.*
-kk-: *Akkusativ, Akkord, Akkumulator, akkurat.*

Die Endungen -tiell und -tial gelten weiterhin, du solltest aber die Schreibung -ziell und -zial bevorzugen:

potenziell (auch: potentiell); Differenzial (auch: Differential).

→ Fremdwörter aus dem **Griechischen** (sie stammen häufig aus den Bereichen Wissenschaft und Kultur):

ph = f: *Asphalt, Alphabet, Prophet, Geographie, Biographie.*
-rh-: *Rheuma, Rhabarber, Rhombus, Rhythmus, Rhapsodie.*
-th-: *Theke, Theater, Methode, Athlet, Asthma, Thema, Apotheke.*
-y-: *System, Sympathie, Hyäne, Pyramide, Märtyrer, Tyrann.*

→ Fremdwörter aus dem **Französischen**
(sie stammen häufig aus den Bereichen Mode, Kultur und Gastronomie):

ou =	**u:**	*Souvenir, Ragout, Route, Tourist, Cousine.*
ai =	**ä:**	*Palais, Terrain, Saison, Portemonnaie.*
ill =	**lj+ij:**	*Bataillon, Taille, Medaille, Emaille, Pavillon.*
eu =	**ö:**	*Monteur, Ingenieur, Redakteur, Dompteur.*
g =	**sch:**	*(wenn es vor „e“ oder „i“ steht) Arrangement, Garage, Etage, Spionage, Ingenieur, Passagier.*

→ Fremdwörter aus dem **Englischen**
(sie stammen häufig aus den Bereichen Sport, Jugend und Gesellschaft):

ee =	**i:**	*Teenager, Spleen, Jeep, Weekend, Corned Beef.*
a =	**ä:**	*Fan, Gangster, Match, Handicap, Teenager.*
a =	**e+i:**	*Safe, Baby, Playboy, Make-up, Paper.*
ch =	**tsch:**	*Lunch, Trenchcoat, Match, Sandwich.*
	-y-:	*Hobby, Story, Party, Whisky, Lobby.*

Achtung! *Pluralbildung mit „y“: Hobbys, Storys*

→ Fremdwörter aus dem **Italienischen**
(sie stammen häufig aus den Bereichen Musik, Handel und Kunst):

-tt-:	*Klarinette, brutto, netto, Rabatt.*
-zz-:	*Pizza, Skizze, Intermezzo.*
-o:	*Risiko, Fresko, bravo, Giro, Konto, Solo, Cello.*

A 1 Du findest in dieser Schülerhilfe zur Rechtschreibung viele Fremdwörter, die Sprachelemente beschreiben. Damit du sie richtig schreiben und auch zuordnen lernst, beschäftigt sich die erste Übung mit einigen dieser Begriffe.
Du findest fast alle auch im Anhang (Worterklärung)!
Ordne nun den lateinischen Ausdruck dem deutschen Begriff zu:

Adjektiv, Adverb, Artikel, Demonstrativpronomen, Diphthong, Imperativ, Infinitiv, Kasus, Konjugation, Konjunktion, Konsonant, Numerale, Numerus, Plural, Possessivpronomen, Prädikat, Präposition, Pronomen, Relativpronomen, Singular, Subjekt, Substantiv, Tempus, Verb, Vokal

Hauptwort = ...	*Eigenschaftswort* = ...
Fürwort = ...	*Begleiter* = ...
Bindewort = ...	*Grundform* = ...
Einzahl = ...	*Tätigkeitswort* = ...
Mitlaut = ...	*Befehlsform* = ...
Mehrzahl = ...	*Selbstlaut* = ...
Beugung = ...	*Doppellaut* = ...
Fall = ...	*Satzaussage* = ...
Zeit = ...	*Umstandswort* = ...
Zahl = ...	*Satzgegenstand* = ...
Zahlwort = ...	*Verhältniswort* = ...
	besitzanzeigendes Fürwort = ...
	bezügliches Fürwort = ...
	hinweisendes Fürwort = ...

A 2 Niklas hat im Radio eine Sendung über England gehört und sich alle Fremdwörter so aufgeschrieben, wie er sie gehört hat. Vielleicht kannst du ihm helfen(,) die Wörter richtig zu schreiben und eine deutsche Übersetzung zu finden:

Tiem	Team	Mannschaft
Dschäss		
Sändwitsch		
Wiekend		
fehr		
Seif		
Klaun		
Stjuardess		

A 3 Löse folgendes Silbenrätsel mit französischen Fremdwörtern:

ba – bas – ce – cham – e – ge– lan – ner – nir – pag – rant – res – sin – sou – ta – tau – ve.

1. Speiselokal ....

2. Andenken ....

3. Schaumwein ....

4. Stockwerk ....

5. Schwimmbecken ....

6. Gleichgewicht ....

M	K	O	D	T	K	O	R	F	A	E	T	E	U	B	A	B
D	S	A	L	Y	A	L	P	S	I	D	H	A	L	M	W	J
F	I	S	P	V	S	B	S	U	X	C	M	U	I	F	H	A
E	F	S	R	O	S	R	U	C	R	O	T	I	N	O	M	T
P	H	E	K	P	E	Z	T	L	L	P	Y	C	W	R	B	F
U	R	S	C	E	T	O	I	A	A	Z	R	W	E	M	I	Y
O	F	G	A	R	T	L	K	R	N	T	C	W	I	A	W	M
E	J	H	K	L	E	T	H	R	I	D	O	D	F	T	P	C
B	G	H	X	S	N	O	E	E	A	P	Z	R	U	I	K	U
T	F	W	E	Z	R	Z	W	T	I	S	S	T	A	E	U	M
F	I	B	Y	T	E	S	A	U	E	T	M	I	K	R	O	X
H	U	A	E	R	K	S	S	P	P	Y	V	S	E	E	M	M
L	M	N	B	X	O	B	S	M	E	T	Z	U	W	N	A	S
M	K	L	S	E	R	S	T	O	U	O	P	Y	A	S	W	O
S	R	T	A	E	D	I	S	C	U	W	P	C	B	H	S	Z
X	F	V	Y	B	E	U	F	J	K	N	D	M	J	A	R	N
D	Z	U	A	E	R	A	D	G	J	L	D	S	E	H	K	E

A 4 In dem links unten stehenden Quadrat sind 14 Wörter aus den Bereichen Musik und Computer versteckt, die aus unserer Sprache nicht mehr wegzudenken sind.

Trage sie unten ein und schlage bei Bedarf ihre Bedeutung nach!

Computer:

Musik:

A 5 Ordne folgende Fremdwörter aus dem Englischen in die vier Spalten ein. Wenn du die Bedeutung eines Wortes nicht kennst, schlage es bitte nach:

Band, Rallye, Match, Pullover, Drink, Foul, fair, Jazz, Trenchcoat, Team, Lunch, Beefsteak, Song, Hockey, Beat, Smoking, Grill, Volleyball, Training, Rumpsteak, Sweater, Musical, Rugby, Shorts, Finish

Sport	Musik	Kleidung	Essen / Trinken
....	....	....	....
....	....	....	....
....	....	....	....
....	....	....	....
....	....	....	....
....	....	....	....
....	....	....	....
....	....	....	....

A 6 Aus jedem vorgegebenen Sprachbereich stammen zwei der alphabetisch geordneten Fremdwörter. Ordne sie zu:

Babysitter, Basar, Bibliothek, Csardas, Flirt, Girokonto, Gulasch, Interesse, Judo, Kaffee, Kiosk, Makkaroni, Massage, Mokka, Opium, Radius, Sympathie, Tapete, Teppich, Toilette

arabisch: .... *japanisch:* ....

englisch: .... *lateinisch:* ....

französisch: .... *persisch:* ....

griechisch: .... *türkisch:* ....

italienisch: .... *ungarisch:* ....

Der Krieg der Welten

A Der letzte Sonntag im Oktober 1938 war für **New York** der schönste der gesamten **Herbstsaison** gewesen. Den ganzen Tag hatte die Sonne geschienen und der Abend versprach herrlich lau zu werden. Um diesen Tag angemessen zu beenden(,) hatte das Ehepaar Jones beschlossen, zusammen mit seinen Kindern, den **Teenagern** Billy und Carol, in ein **Restaurant** essen zu gehen. Da Billy unbedingt eine **Pizza** essen wollte und Carol **Spaghetti** über alles liebte, fiel die Wahl auf das „Napoli" im **Zentrum** der Stadt.
Nachdem alle das **Dinner** genossen hatten und so richtig satt und zufrieden auf ihren Stühlen saßen, winkte Herr Jones dem Kellner an der **Theke**(,) um noch einen **Whisky** zu bestellen und sich die Rechnung bringen zu lassen. Im **Radio** lief gerade ein **Klarinettenkonzert**, als die **Musik** plötzlich unterbrochen und eine **aktuelle Reportage** angesagt wurde. *(134 Wörter)*

B Der **Barkeeper** stellte sofort den **Radioapparat** lauter und alle Gäste hörten gebannt zu, als sich ein **Reporter** meldete, der mit aufgeregter Stimme das Unfassbare berichtete: Vor einer Stunde war 20 Meilen nördlich von **New York** ein Flugkörper niedergegangen, den eine **Touristengruppe** beobachtet und zunächst für einen großen **Meteoriten** gehalten hatte. Nachdem man sich der vermeintlichen Einschlagstelle genähert hatte, entdeckte man, dass es sich in der **Realität** um ein riesiges Raumschiff von einem anderen **Planeten** handelte, das kurz zuvor hier gelandet war. Immer mehr Schaulustige, die ein lautes Zischen gehört oder einen Lichtstrahl gesehen hatten, kamen aus den umliegenden Ortschaften herbeigeeilt und beobachteten nun **fasziniert** dieses **Ufo.** Man wartete gespannt darauf, dass sich die **intelligenten** Wesen aus dem All endlich zeigen würden, und man ging davon aus, dass sie friedfertig und **sympathisch** sein würden. *(133 Wörter)*

C Auch waren inzwischen mehrere **Reporterteams** mit ihren **Fotografen** eingetroffen, die versuchten(,) rund um das Raumschiff die beste **Position** für den Schnappschuss oder das **Interview** des Jahres zu finden. Familie Jones und die anderen Gäste in der **Pizzeria** trauten ihren Ohren nicht: Hatten die Wissenschaftler und die vielen selbst ernannten **Propheten** also doch Recht, wenn sie davon sprachen, dass irgendwann eine **Invasion** aus dem **Universum** kommen würde? Sofort setzte unter den Anwesenden eine lebhafte **Diskussion** ein, was man denn von den **Extraterrestrischen** zu erwarten hatte, als man aus dem **Äther** aufgeregte Menschenstimmen vernahm und eine Unruhe, die immer größer zu werden schien. Die Unterhaltung im **Restaurant** verstummte sofort und alle lauschten wieder der **hektischer** werdenden Stimme des **Radioreporters,** dessen Bericht immer **fantastischer** wurde. Denn Folgendes ereignete sich gerade draußen vor den Toren der Stadt: Nachdem sich an dem **Ufo,** das wie ein großer **Metallzylinder** aussah, eine Stunde lang nichts gerührt hatte, wurde es plötzlich von innen geöffnet und seltsame, sackähnliche Gestalten erschienen langsam in der Öffnung. *(165 Wörter)*

D Die vielen **Sensationslustigen** staunten nicht schlecht und eine große **Nervosität** machte sich im **Publikum** breit, als man die Wesen genauer **identifizieren** konnte: Sie bestanden aus einem großen Kopf und hatten außer Händen fast keinen Körper. Nachdem sich der erste Schock unter den Menschen gelegt hatte, fingen einige an zu rufen und zu klatschen(,) um sich mit den Fremden zu verständigen. Aber diese schienen an einer **Kommunikation** mit den Erdbewohnern nicht **interessiert** zu sein, denn sie antworteten nicht, sondern blieben regungslos – wie **Roboter** – stehen. Sie wurden immer mehr. Plötzlich begannen sie(,) ihre Körper zu **montieren,** bis **Konstruktionen** entstanden waren, die wie **perfekte, kolossale Arbeits-** oder **Kampfmaschinen** aussahen, die nun die Menschen zu bedrohen schienen. Deren Stimmung schlug um und einige fingen an(,) **hysterisch** zu schreien. *(124 Wörter)*

E Die Schreie wirkten wie ein **Signal,** denn auf einmal begannen alle wegzulaufen, jeder war nur daran **interessiert,** sich in Sicherheit zu bringen. Aber es war zu spät: Die **Monster** begannen damit, Hitzestrahlen auszufauchen, die alles niederbrannten, was sie trafen. Häuser, **Autos** und Bäume standen alsbald in Flammen, Menschen liefen wie lebende Fackeln umher, nur wenige konnten sich retten; die **Szenerie** glich einem **Inferno.** Die Fremden fielen über die Sterbenden her und schienen sich von ihnen zu ernähren, indem sie sich mittels einer Art **Transfusion** mit deren Blut versorgten.

Angesichts dieses grausamen **Massakers** konnte der **Radioreporter** keine klaren Sätze mehr ins **Mikrofon** sprechen, Schreie, **Maschinenlärm** und hupende **Automobile** übertönten seine Worte, die immer undeutlicher zu hören waren. *(116 Wörter)*

F Jetzt gab es auch im **Restaurant** kein Halten mehr, eine **Panik** brach aus. Eltern schnappten ihre Kinder und liefen **hektisch** auf die Straße. Auch die Familie Jones stürzte ins Freie und erblickte eine Stadt im **Chaos:** Unzählige Menschen liefen richtungslos umher, Reifen quietschten, ein **Auto kollidierte** mit einem **Hydranten,** aus dem sofort das Wasser in einer hohen **Fontäne** in den Himmel schoss. Der **Asphalt** wurde nass und die Straße verwandelte sich in eine Rutschbahn. Das **Risiko,** darauf auszurutschen und niedergetrampelt oder überfahren zu werden, war groß und so drängte Herr Jones seine Frau und die beiden Kinder geistesgegenwärtig in eine Seitengasse, wo sie ein **Telefonhäuschen** erblickten. Billy riss die Tür auf, nahm den Hörer in die Hand und wählte den Notruf(,) um zu erfahren, wie man **reagieren** und sich in Sicherheit bringen sollte. Aber die Leitung war besetzt. Verzweifelt knallte er den Hörer auf die Gabel und sah seine Eltern fragend an. *(152 Wörter)*

G Seine Mutter meinte, man müsse unbedingt versuchen(,) das **Auto** zu erreichen(,) um dann so schnell wie möglich die Stadt zu verlassen. Also liefen die vier durch die Straßen und Gassen, vorbei an **Fabrikhallen** und **Wohnsilos** mit zwanzig und mehr **Etagen,** und erreichten nach wenigen Minuten den **Universitätsplatz,** wo sie ihren Wagen **geparkt** hatten. Sie setzten sich ins **Auto** und fuhren in Richtung **City**(,) um über die **Stadtautobahn** schnell aus der Stadt gelangen zu können. Als sie an der ersten Kreuzung angekommen waren, war ihre Flucht auch schon zu Ende. Sie waren wohl nicht die Einzigen gewesen, die diese **Idee** gehabt hatten, denn Tausende strömten mit ihren **Karossen** in die gleiche Richtung. Das gesamte **Verkehrssystem** war zusammengebrochen, der Stau schien unendlich zu sein, man kam mit seinem **Vehikel** keinen Meter weit. *(130 Wörter)*

H Die **Situation** schien aussichtslos, als ein **Passant** im Vorbeilaufen sagte, dass inzwischen noch mehr **Ufos** gelandet seien und dass große Teile der **Armee,** die herangerückt sei(,) um die **Invasion** abzuwehren, schon vernichtet seien. Es blieb einem also nichts anderes mehr übrig, als dazusitzen und zu warten, bis die Eindringlinge die Stadt erreicht hatten und man dann selbst Opfer der Hitzestrahlen werden würde. Um diese **Phase** des Wartens auf die eigene **Exekution** zu überbrücken und die entsetzliche Stille im **Auto** zu durchbrechen(,) schaltete Frau Jones das **Autoradio** ein. Die **Frequenz** war die gleiche wie im **Restaurant** und man hörte wieder den **Reporter,** der immer noch verzweifelt versuchte(,) seiner Stimme einen Weg durch das Geschrei der Menschen und den Lärm um sich herum zu bahnen. *(123 Wörter)*

I Er kam einem vor wie ein **Märtyrer,** der selbst im Angesicht des nahenden Todes noch seine Pflicht tut und bis zum Ende über die **Katastrophe** berichtet, die sich vor seinen Augen abspielt.
Plötzlich war der Ton weg, die Leitung schien unterbrochen. Die **Autoinsassen** hielten den Atem an, keiner wagte zu sprechen, jeder wartete auf den nächsten Laut aus dem **Radio.** Ein Gongschlag unterbrach die **mystische** Ruhe und man vernahm die wohl bekannte Stimme des Ansagers: „Liebe Zuhörer, das war das Hörspiel ‚Der Krieg der Welten' von Orson Welles nach dem gleichnamigen **Roman** von H. G. Wells. Wir hoffen(,) Ihre **Fantasie** angeregt und Sie gut unterhalten zu haben und wünschen uns, dass Sie auch am nächsten Sonntag dabei sind, wenn es wieder heißt: ‚Das **aktuelle** Hörspiel'. Im Anschluss hören Sie die Sendung ‚**Jazz** heute'." *(133 Wörter)*

J Keiner im **Auto** hörte mehr die **Musik,** die jetzt aus der **Lautsprecherbox** erklang, alle saßen wie benommen auf ihren Sitzen und starrten geradeaus. Durch die Windschutzscheibe konnte man sehen, wie die ersten Leute aus ihren Wagen stiegen, aufeinander zugingen und sich heftig **gestikulierend** unterhielten. Die Menschentrauben zwischen den **Autos, Omnibussen** und Straßenbahnen wurden immer größer, Fremde gaben ihre **Anonymität** auf und umarmten sich **spontan,** manche **Passanten** weinten, andere wiederum lachten; die **Reaktionen** auf das, was man gerade erlebt hatte, waren **extrem** unterschiedlich. Es dauerte Stunden, bis sich die Straßen **New Yorks** geleert hatten und der **normale** Verkehr sich wieder einstellte.
Am nächsten Morgen konnte dann jeder die **Story** in den Zeitungen nachlesen und dabei feststellen, wie leicht der Mensch doch **manipulierbar** ist. Was war am Abend zuvor geschehen? *(128 Wörter)*

K Der **Radiosender** CBS hatte – wie an jedem Sonntagabend – ein Hörspiel ausgestrahlt. Es trug den **Titel** „Der Krieg der Welten" und handelte von einem Überfall von **intelligenten Individuen** vom **Planeten** Mars auf der Erde. Sein **Effekt** und die **Reaktion** der Zuhörer **basierten** auf dem **Trick** des **Autors**(,) das Hörspiel nicht als solches anzusagen, sondern mit einer **Musiksendung** zu beginnen, die dann plötzlich von einer angeblich **aktuellen Livereportage** über die Landung von Marsbewohnern in der Nähe von **New York** unterbrochen wurde. Das alles klang so echt, dass die Menschen an der gesamten Ostküste der USA in **Panik** gerieten und sich auf die Flucht begaben. Da das **Telefonnetz** sofort überlastet war, brach es zusammen und so konnten nur wenige erfahren, dass das alles nur ein Hörspiel war. Erst am Ende der Sendung wurden die Zuhörer über die Wahrheit aufgeklärt. *(136 Wörter)*

L Die **Resonanz** auf die Sendung war **sensationell** und reichte von begeistertem **Applaus** bis zu völlig **negativen** Äußerungen von **Publikum, Medien** und **Politikern.**
Als das Hörspiel am 12.2.1949 erstmals in **Quito,** der **Metropole Ecuadors,** ausgestrahlt wurde, gerieten auch dort die Menschen in **Panik.** Sie hatten von den Ereignissen in den USA elf Jahre zuvor noch nichts gehört, ein Umstand, der angesichts der heutigen **Satellitentechnik unrealistisch** wäre!
Der **Autor** der Hörspielfassung des **Romans** „Der Krieg der Welten" war Orson Welles. Er wurde nach der **New Yorker** Erstausstrahlung mit einem Mal weltberühmt und machte danach in **Hollywood** eine große **Karriere** als **Regisseur** und Schauspieler. Viele seiner **Filme** wurden mit Preisen ausgezeichnet und laufen heute noch oft im Fernsehen und manchmal sogar im **Kino.** Wetten, dass deine Eltern mindestens einen **Film** von oder mit Orson Welles kennen? *(135 Wörter)*

Kommaregeln

In der Schülerhilfe für die 5. und 6. Klasse hast du die „verflixten Neun" kennen gelernt, mit deren Hilfe du jetzt bestimmt die meisten Kommas richtig setzen kannst. Da du jetzt aber schon etwas älter bist, möchten wir dich mit sechs weiteren wichtigen Kommaregeln bekannt machen. Damit solltest du dann in der Lage sein, die meisten Kommafehler zu vermeiden.

Damit du überprüfen kannst, ob du die „verflixten Neun" auch noch richtig beherrschst, werden wir sie zunächst noch einmal kurz wiederholen. Zur eigenen Kontrolle kannst du dazu die Übung 1 machen. Danach stellen wir dir die sechs neuen Kommaregeln ausführlich und mit Beispielsätzen vor; mit den Übungen 2 bis 6 kannst du sie dann einüben.

Schülerhilfe 5. und 6. Klasse

1. Komma zwischen Hauptsätzen
2. Komma zwischen Haupt- und Gliedsätzen
3. Komma zwischen Gliedsätzen
4. Komma bei Aufzählung
5. Komma bei Apposition
6. Komma bei näheren Erläuterungen
7. Komma bei Anrede oder Ausruf
8. Komma bei indirekter Rede
9. Komma bei direkter Rede mit Nachsatz

Schülerhilfe 7. und 8. Klasse

1. Kein Komma bei Aufzählungen
2. Komma bei erweitertem Infinitiv
3. Komma bei erweitertem Partizip
4. Komma bei Vergleichen
5. Komma bei „W-Wörtern"
6. Komma bei Zeit- und Ortsangaben

Wiederholung: die „verflixten Neun"

1. ***Das Komma trennt gleichrangige Hauptsätze.***

Tina sieht gerne fern, Tobias hört lieber Musik.

In der Regel steht kein Komma, wenn diese Sätze durch und oder oder verbunden sind:

Habt ihr alles verstanden oder soll ich es noch einmal erklären?

Man kann aber ein Komma setzen, um die Gliederung des Satzes zu verdeutlichen:
Tina sieht gerne fern(,) und Tobias hört lieber Musik.

2. ***Das Komma trennt Hauptsatz und Gliedsatz.***

Ich esse nur, wenn ich Hunger habe.

3. ***Das Komma trennt Gliedsätze (außer bei und und oder).***

Ich ärgere mich, weil du gelacht hast,
als ich gefallen bin.

4. ***Das Komma trennt die Glieder einer Aufzählung.***

Ich liebe Musik, Filme, Sport.

5. ***Das Komma trennt eine Apposition ab.***

Ich unsere Torfrau, ist verletzt.

6. ***Das Komma trennt nähere Erläuterungen ab.***

Ich lese gerne Bücher, vor allem Krimis.

7. ***Das Komma trennt Anrede und Ausruf ab.***

Na, wohin gehst du denn, Isabel?

8. ***Das Komma trennt die indirekte Rede ab.***

Der Lehrer sagt, er sei heute gut gelaunt.

9. ***Zwischen der wörtlichen Rede und einem Nachsatz steht ein Komma.***

„Ich bleibe nicht hier", sagte er.
„Warum bleibst du nicht hier?", fragte sie.
„Bleib hier!", befahl sie.
Er sagte: „Ich bleibe hier", und ging dann doch.

Und hier sind nun die neuen sechs Regeln:

1. ***Bei Aufzählungen steht dann kein Komma, wenn***

   a. ***folgende Konjunktionen die Glieder der Aufzählung miteinander verbinden:*** *und, oder, sowie, wie, sowohl – als auch, weder – noch, entweder – oder.*

   Zum Kochen brauche ich Pfeffer, Paprika sowie Salz.
   Sie ist weder schüchtern noch ängstlich.
   Ich kaufe entweder die blaue oder die schwarze Hose.

   b. ***das letzte Adjektiv einer Aufzählung mit dem folgenden Nomen einen Gesamtbegriff bildet:***

   Am liebsten esse ich frischen holländischen Käse.
   Ich trinke gerne kalte, frische bayerische Milch.
   Ich zeige dir meine neue, schöne elektrische Eisenbahn.

   Wenn du und zwischen die Adjektive setzen könntest, muss ein Komma stehen – sonst nicht!

   Tipp!

2. ***Das Komma kann erweiterte Infinitive abtrennen.***

   Beim einfachen Infinitiv mit zu (1) steht gewöhnlich kein Komma, kommt aber nur ein Wort als Erweiterung hinzu (2–6), kann – damit man den Satz richtig versteht – ein Komma stehen.

   1. Ich habe noch keine Lust zu schlafen.
   2. Er wagte nicht(,) sich zu rühren.
   3. Ich bin gekommen(,) um mit dir Musik zu hören.
   4. Anstatt zu lachen(,) machten wir ein dummes Gesicht.
   5. Ohne nach rechts zu schauen(,) fuhr er in die Kreuzung ein.
   6. Als Harald in sein Zimmer ging(,) um die Kommaregeln endlich zu lernen(,) packte ihn die Unlust.

   Ein Komma muss stehen, wenn ein hinweisendes Wort auf die Infinitivgruppe zielt:

   Sein größter Wunsch ist es, ein Skateboard zu besitzen.
   Er hatte nicht daran gedacht, das Fahrrad abzuschließen.

3. Das Komma kann erweiterte Partizipien abtrennen.

Bei einfachem (1) oder kurz erweitertem (2) Partizip steht kein Komma. Das durch mehrere Wörter erweiterte (3, 4) Partizip kann – zum besseren Verständnis des Satzes – durch ein Komma abgetrennt werden.

1. *Lachend sah sie mich an.*
2. *Völlig geschockt drehte er sich um.*
3. *Den Jubel der Zuschauer auskostend(,) drehte der Sieger eine Ehrenrunde.*
4. *Der neue Computer(,) gerade vor drei Tagen gekauft(,) gibt schon seinen Geist auf.*

4. Ein Komma steht bei Vergleichen mit als, wie, so – wie.

a. Kein Komma steht, wenn Satzteile miteinander verknüpft werden.

Ich bin schneller als du.
Du riechst wie ein Katzenklo.

b. Ein Komma steht, wenn ganze Sätze miteinander verknüpft werden.

Die Arbeit ist besser ausgefallen, als ich erwartet habe.
Das Fahrrad ist so, wie du es dir gewünscht hast.

5. Ein Komma steht bei W-Wörtern.

Werden Gliedsätze durch ein Wort eingeleitet, das mit w beginnt, werden sie durch ein Komma abgetrennt.

Ich weiß nicht, was das soll.
Wer andern eine Grube gräbt, fällt selbst hinein.
Ich frage mich, worüber ihr lacht.

6. Ein Komma steht bei Zeit- und Ortsangaben.

Zwischen den Gliedern von Zeit- und Ortsangaben steht ein Komma. Nach dem letzten Bestandteil kann ein Komma stehen.

Ich fahre am Mittwoch, 3. Mai, morgens 8 Uhr(,) in Urlaub.
Der Maler stellt seine Bilder in Mannheim, Werderstraße 7, 2. Obergeschoss(,) aus.

Zuletzt noch ein Tipp unter Leidensbrüdern bzw. -schwestern: Solltest du unsicher sein, dann lass bei allen „Kann“-Regeln das Komma weg!

A 1 Zur Einstimmung hier eine Übung zur Wiederholung der „verflixten Neun“: Nenne jeweils eine der Kommaregeln, die auf Seite 56 zusammengestellt sind.

1. *Peter kann nicht mit, weil er sich krank fühlt.*
2. *Wir essen Hamburger, Pommes und Salat.*
3. *Besuchst du mich morgen, Daniela?*
4. *Ich gehe mit Fifi, unserem Hund, spazieren.*
5. *Der Lehrer sagte, er habe heute keine Lust zu korrigieren.*
6. *Ich bleibe heute zu Hause und ich werde früh ins Bett gehen.*
7. *Ich sehe gerne Filme, vor allem Western.*
8. *Ich will, dass du dich in den Ferien ausruhst, dass du viel schläfst und dass du viel spielst.*
9. *Willst du jetzt spielen oder sollen wir zusammen dein Zimmer aufräumen?*

10. *Hamburger, meine Leibspeise, mache ich mir am liebsten selbst.*

11. *Hallo, Peter, wo ist denn deine Hausaufgabe?*

12. *Ich glaube, dass du Recht hast, wenn du gehst.*

13. *Viele Länder Afrikas, z.B. Sudan oder Somalia, sind sehr arm.*

14. *Da hätte ich viel Glück gehabt, meinte der Polizist.*

15. *Zu meiner Party lade ich Nina, Niklas, Jana, Anne, Kathrin und Florian ein.*

16. *Kann mir jemand sagen, ob morgen Schule ist?*

17. *Meinst du, ich hätte das nicht gemerkt?*

18. *Ich gehe und du bleibst.*

19. *Obwohl ich müde bin, kann ich nicht schlafen.*

20. *Ich freue mich über das Buch, das ich geschenkt bekommen habe.*

Und hier nun Übungen zu den neuen Kommaregeln 1–5, zu Regel 6 merke dir einfach die Regel!
Schau dir dazu noch einmal die Seiten 58 und 59 an.

A 2 Komma oder nicht? Wende Regel 1 an!

1. Montags stehen die Fächer Deutsch_ Latein_ Biologie_ Musik_ sowie Mathematik auf dem Stundenplan.
2. Meine Eltern trinken gerne trockenen_ französischen Wein.
3. Ich freue mich auf ein paar ruhige_ erholsame Tage.
4. Ich bin nicht nur satt_ sondern auch müde.
5. Du kannst mich weder heute_ noch morgen anrufen.
6. Der Bundestrainer macht immer wieder neue_ taktische Fehler.
7. Die Musik ist zwar gut_ aber laut_ und dröhnend.
8. Sowohl der Sänger_ als auch der Gitarrist tobten über die Bühne.
9. Ich gehe entweder ins Kino_ oder bleibe daheim_ und sehe fern.
10. Warum sollte ich denn nicht auch einmal pfeifen_ schreien_ oder toben dürfen?

A 3 Komma oder nicht? Wende Regel 2 an!
Denke an die bessere Verständlichkeit des Satzes.

1. Ich freue mich darauf_ heute wieder zu reiten.
2. Ich pflege_ nicht von meinem Nachbarn abzuschreiben.
3. Er konnte es nicht lassen_ andauernd anzugeben.
4. Sie schläft lieber_ anstatt zu lernen.
5. Ihr scheint_ euch ja gut zu unterhalten.
6. Nicht aufzufallen_ das war seine Taktik.
7. Es ist nicht schwer_ zu jammern_ und zu klagen_ anstatt die Sache endlich in die Hand zu nehmen.
8. Es ist immer schön_ zu faulenzen.
9. Er hatte keine Lust_ mitzukommen.
10. Ihre Absicht_ von der Schule zu gehen_ ist falsch.

A 4 Komma oder nicht? Wende Regel 3 an!
Denke an die bessere Verständlichkeit des Satzes.

1. Über alle Maßen erfreut_ sah er sein Zeugnis an.
2. Geheilt_ verließ er das Krankenhaus.
3. Von ihrer Krankheit genesen_ nahm sie wieder am Unterricht teil.
4. Er blieb_ völlig durchnässt_ und heftig zitternd_ unter der Brücke stehen.
5. Sie hoben_ laut jubelnd_ die Arme.
6. Er lief davon_ immer wieder nach hinten sehend.
7. Laut bellend_ und die Zähne fletschend_ setzte der Hund zum Sprung an.
8. Die Fassung verlierend_ brüllte Ulrike Peter an.
9. Peter_ sichtlich überrascht_ bekam einen knallroten Kopf.
10. Darauf entschuldigte sie sich_ ihn nett anlächelnd.

A 5 Komma oder nicht? Wende Regel 4 an!

1. Ich bin im Rechnen besser_ als du und in Latein so gut__ wie du.
2. Du hältst die Gabel_ wie dein Bruder sie hält.
3. Ich benehme mich so_ wie ihr es von mir verlangt.
4. Ich benehme mich so schlecht_ wie ihr.
5. Ich brauche dazu weniger Zeit_ als ich gedacht habe.
6. Simone besucht lieber ihre Freundin_ als ihre Verwandten.
7. Ich gehe lieber zur Schule_ als dass ich eine Lehre mache.
8. Er tut so_ als hätte er nichts gehört.
9. Das Schulhaus brennt ja_ wie Zunder.
10. Du weißt ja gar nicht_ wie du mich nervst.

A 6 Setze das Komma an die richtige Stelle! Wende Regel 5 an!

1. *Was du heute kannst besorgen das verschiebe nicht auf morgen.*
2. *Wo du auch steckst ich werde dich finden.*
3. *Ich mache immer nur das wozu ich Lust habe.*
4. *Womit ich putze ist doch egal!*
5. *Wenn ich nur wüsste warum ich den Knoten in mein Ohr gemacht habe.*
6. *Wer schläft sündigt nicht.*
7. *Ich weiß gar nicht worüber du dich so aufregst!*
8. *Endlich bekomme ich worauf ich mich so lange gefreut habe.*
9. *Ich frage mich wovon ich das bezahlen soll.*
10. *Weswegen ihr lacht weiß ich nicht.*

A 7 Vor *und* oder *oder*: Wo kann ein Komma entfallen?

1. Sie öffnet das Fenster_ und atmet die frische Luft ein.
2. Das Wasser wurde heißer_ und schließlich kochte es.
3. Zwischen den Sätzen einer Satzreihe kann ein Komma_ oder ein Strichpunkt stehen_ oder es kann ein Punkt gesetzt werden.
4. Ich werde einkaufen_ und zwar Getränke_ und Süßigkeiten.
5. Ich finde es gut, dass du gekommen bist_ und dass du noch Melanie mitgebracht hast.
6. Es ist sehr kalt_ und es regnet schon den ganzen Tag.
7. Die Sonne scheint_ und erwärmt langsam die Erde.
8. Du musst unbedingt kommen_ und deine neuen Platten mitbringen.
9. Ich muss mich entweder für die Schule_ oder für eine Lehre entscheiden.
10. Die Ferien sind vorbei_ und leider beginnt die Schule wieder.
11. Wir schlichen uns vorsichtig_ und ohne ein Wort zu sprechen an.
12. Er sah mich an, ohne Reue zu zeigen _ und lachte.
13. Ohne zu drängeln_ und ohne zu schubsen, bekommt man keinen guten Platz in den Konzerthallen_ oder in Sportstadien.
14. Hat sie mich übersehen_ oder ist sie blind?
15. Nur noch wenige Tage fehlen_ und dann habe ich Geburtstag.
16. Wir lachten, weil er komisch aussah_ und weil er rot wurde.
17. Wir zitterten, weil es kalt war_ und wir froren schrecklich.
18. Du bist ganz schön faul_ und das nicht nur in der Schule!
19. Wir fahren nach Florenz, bleiben dort ein paar Tage_ und verbringen den Rest der Ferien am Meer.
20. Lies dir alle Sätze gut durch und setze die Kommas richtig!

Vulkane

A Es gibt heute auf der Erde mehr als 600 aktive Vulkane, d.h. Vulkane, die noch tätig sind. Sie sind der Beweis dafür, dass wir nicht auf einer ruhigen Erdkugel leben, sondern dass es unter unseren Füßen nur so brodelt. Allerdings sind die Vulkane nicht gleichmäßig über die Erde verteilt, sondern es gibt Gebiete, wo es nahezu keinen Vulkanismus gibt, und andere, in denen sich die Feuer speienden Berge geradezu häufen. Letzteres gilt vor allem für die Zone rings um den Pazifischen Ozean, der deswegen auch „Pazifischer Feuerkreis" genannt wird. Aber auch in den Weltmeeren selbst gibt es vulkanische Tätigkeit: Mitten durch die Ozeane ziehen sich hohe untermeerische Gebirgsrücken, die viele Tausend Kilometer lang und zwei- bis dreitausend Meter hoch sind. Sie alle haben an ihren Spitzen tiefe Spalten, die bis in tiefere Regionen der Erde hinunterreichen. *(137 Wörter)*

B Dort unten, und zwar manchmal schon ab einer Tiefe von wenigen Kilometern, manchmal aber erst ab 50 Kilometern, ist die Temperatur der Erde so hoch, nämlich über 700 Grad Celsius, dass das Gestein geschmolzen ist. Diese zähflüssige Masse, von den Wissenschaftlern „Magma" genannt, enthält oft viel Gas und sie steht deswegen unter einem sehr hohen Druck. Wenn nun in der darüber liegenden Erdkruste Risse oder breite Spalten entstehen, was immer wieder vorkommt, kann das heiße, gasreiche Magma nach oben steigen und es kommt zu einem Vulkanausbruch: Schlackenfetzen, Gesteinsbrocken und Asche werden in die Luft geschleudert und fallen wieder zur Erde zurück. Rot oder gelb glühendes, flüssiges Gestein, das nach seinem Austritt nicht mehr „Magma", sondern „Lava" genannt wird, fließt aus der Spalte. Alle diese Förderprodukte bauen langsam einen Vulkankegel auf, der mit jedem neuen Ausbruch höher wird. *(137 Wörter)*

C Der Ätna, der höchste aktive Vulkan Europas, ist über 3300 Meter hoch. Auf Hawaii gibt es sogar Vulkane, die vom Meeresboden aus auf fast 10 000 Meter ansteigen und dabei noch ungefähr 5000 Meter über den Meeresspiegel hinausragen. Manchmal kommt der Nachschub von Magma aus dem Erdinnern zum Stillstand und der Vulkanausbruch ist damit vorerst beendet. Die Lava, die sich noch im Krater, also in der Öffnung des Vulkans, befindet, kühlt dann langsam ab und bildet einen harten Gesteinspfropfen, der den Schlot, also den

Verbindungskanal zwischen dem Krater und den Spalten in der Erdkruste, verstopft.
Das Prinzip eines Vulkanausbruchs kann man an einem einfachen Modell demonstrieren: einer Sektflasche. Die noch verschlossene Flasche stellt danach einen „schlafenden“ Vulkan dar, der gar nicht daran denkt, auszubrechen. Der Korken entspricht dem Gesteinspfropfen, der den Schlot, d.h. den Flaschenhals, verstopft. *(136 Wörter)*

D Damit der Effekt und natürlich auch der Spaß und die Sauerei möglichst groß sind, wird die Sektflasche erst einmal kräftig geschüttelt. Dadurch wird die im Sekt gelöste Kohlensäure, ein Gas, aktiv und der Druck in der Flasche wird größer. Dieser Druckanstieg entsteht bei einem „schlafenden“ Vulkan dann, wenn plötzlich wieder neues Magma aus dem Erdinnern gefördert wird, nach oben drängt, aber wegen des Pfropfens nicht austreten kann. Der Druck in der Flasche wie auch im Vulkan wird irgendwann so groß, dass der Korken bzw. der Pfropfen diesem nicht mehr standhalten kann und weggesprengt wird. Und nun haben wir die Katastrophe nicht nur in der Natur, sondern auch im Wohnzimmer! Der Korken knallt an die Zimmerdecke, wo er eine gut sichtbare Delle in der neuen Raufasertapete hinterlässt, der Gesteinspfropfen zerbirst bei einem Vulkanausbruch in unzählige größere und kleinere Brocken und Asche. *(141 Wörter)*

E Als Nächstes sieht man aus der Flasche Dampf, d. h. die Kohlensäure und winzige Sekttröpfchen, entweichen, dem Gas und den Schlacken bei einem Vulkanausbruch entsprechend. Zuletzt schießt der Sekt, also die Lava, in einer hohen Fontäne über die Flaschenöffnung, d. h. den Kraterrand, und fließt den Flaschenkörper, der mit dem Vulkankegel zu vergleichen ist, hinab.
In der Natur kühlt dieser Lavastrom, der sich bei zäher Lava kriechend fortbewegt, bei dünnflüssiger aber rasend schnell, mit der Zeit ab, wird hart und richtet somit meistens keinen Schaden mehr an. Bei Sekt passiert dies leider nicht, die

Folge ist für das Wohnzimmer katastrophal, denn der neue, teure Teppich ist ruiniert. Deshalb ist den jungen „Wissenschaftlern" dringend anzuraten, ihr Experiment im Freien durchzuführen. *(119 Wörter)*

F Aber Scherz beiseite: Für die vielen Menschen, die an den Hängen von aktiven Vulkanen leben, bleibt es oft nicht bei einem ruinierten Teppich. So verloren 1985 bei einem einzigen Vulkanausbruch in Kolumbien über 20 000 Menschen ihr Leben; im Jahre 79 schleuderte der Vesuv bei Neapel in Italien tonnenweise Asche in die Luft. Drei ganze Städte, darunter das berühmte Pompeji, wurden dabei unter mehrere Meter dicken Ascheschichten begraben und alles Leben ausgelöscht; auch Tokio, die Hauptstadt Japans, lebt in ständiger Angst vor einem Ausbruch des nahe gelegenen Vulkans Fujiyama, der verheerend sein würde, denn im Großraum Tokio leben mehr als 20 Millionen Menschen. Trotzdem gehören gerade die Vulkangebiete der Erde zu den am dichtesten besiedelten Räumen. Das liegt keineswegs daran, dass die Menschen den täglichen Nervenkitzel brauchen oder dass sie lebensmüde sind, sondern es hat seine Ursachen vielmehr darin, dass auf Lavagestein und vulkanischer Asche sehr fruchtbare Böden entstehen, auf denen man alles anbauen kann, was das Klima zulässt.

(158 Wörter)

G In den letzten Jahren haben die Menschen in vielen Vulkanzonen den Kampf gegen diese Naturgewalt aufgenommen. So hat man auf einer Vulkaninsel bei Island, das ja selbst vollständig aus erkalteter Lava besteht, einen rot glühenden Lavastrom, der eine Stadt und ihren Fischereihafen bedrohte, aufgehalten, indem man tagelang mit dicken Schläuchen Meerwasser auf das langsam kriechende Ungetüm spritzte, bis die Lava abkühlte, dadurch fester wurde und somit zum Stehen kam. 1983 tricksten die Menschen auf Sizilien den Ätna auf noch spektakulärere Art und Weise aus: Seit sechs Wochen spuckte der Berg schon Feuer, die über tausend Grad heiße Lava wälzte sich immer weiter zu Tal, hatte schon 150 Häuser und Villen sowie einen Skilift verbrannt oder überfahren und bedrohte jetzt drei Dörfer. Die Hoffnung der Einwohner auf ein Einlenken der Natur schwand völlig, als die Geschwindigkeit der Gesteinsschmelze auf 75 Meter pro Minute zunahm. *(143 Wörter)*

H Inzwischen war in den betroffenen Siedlungen die Hölle los: Tausende von Schaulustigen aus der Umgebung, die nicht durch den

Vulkanausbruch gefährdet waren, verfolgten aus sicherer Entfernung das unerbittliche Vordringen des Lavastromes. Ganze Buskarawanen karrten Touristen, Reporter, Kamerateams und Wissenschaftler aus allen Teilen Italiens und sogar aus dem Ausland heran, die das Spektakel „live" verfolgen wollten. In den drei Dörfern, die dem Untergang geweiht schienen, brach Volksfeststimmung aus: Überall roch es nach Gegrilltem, fahrende Obsthändler boten Wassermelonen und Zitrusfrüchte an, Getränkeverkäufer machten bei der Hitze, die der Lavastrom abwarf, das Geschäft ihres Lebens. In einem der Orte soll während dieser Zeit sogar eine neue Eisdiele eröffnet worden sein.

(107 Wörter)

I Als ob es sich um ein Fußballspiel handelte, wurden die begeisterten Zuschauer vom Sportfieber erfasst und sie klatschten der Lava Beifall, wenn sie eine Straßenbrücke überwand oder diese gar zum Einstürzen brachte. Es liefen unter den Schaulustigen sogar Wetten, ob es dem Feuerstrom gelingen würde, dieses oder jenes Haus zu erreichen und zu zerstören.
Dies alles interessierte die Bewohner der gefährdeten Ortschaften nicht im Geringsten, sie bangten um ihre Existenz und empfanden den Trubel, den man hier veranstaltete, als Hohn. In dieser schier ausweglosen Situation hatte einer der Bürgermeister die letztlich rettende Idee: In großer Eile ließ man ein schwedisches Spezialistenteam einfliegen. Die Männer machten sich sofort an die Arbeit, indem sie in 2200 Metern Höhe fünfzig Bomben in den Ätnahang eingruben und sie dann zündeten.
Die Sprengung riss seitlich des fließenden Lavastromes eine sechs Meter hohe Felswand weg und leitete den Glutfluss in einen vorher schnell ausgebaggerten Kanal um, über den er in einen alten, „toten" Krater floss, wo er keinen Schaden mehr anrichten konnte. *(166 Wörter)*

J Die Reaktionen der Menschen waren unterschiedlich: Die vielen Schaulustigen sahen sich um den Höhepunkt des grausigen Spektakels gebracht, die Sensationsreporter und ihre Fotografen packten enttäuscht ihre Arbeitsgeräte wieder ein und die Busfahrer schickten sich an(,) die Leute zum Einsteigen zu bewegen, denn manche hatten noch eine weite Heimreise vor sich. Jetzt aber war es den Dorfbewohnern nach einem Fest zumute und wieder wurde an den Hängen des Ätna gefeiert, jetzt jedoch aus gutem Grund und deshalb auch viel ausgelassener und herzlicher.

Diesmal hatte sich das tollkühne Unternehmen, das fast zwölf Millionen Mark teuer war, also gelohnt. Aber nicht jeder Vulkan ist so berechenbar wie der Ätna, viele sind weit gefährlicher als er und immer neue Katastrophenmeldungen beweisen die Gefahr, die von diesen faszinierenden Naturgewalten ausgeht. *(125 Wörter)*

Dehnung

Unter Dehnung versteht man die Kennzeichnung von lang gesprochenen Vokalen. Das Hauptproblem dabei ist, dass es für die Dehnung keine eindeutigen Regeln gibt, sondern die Schreibweise vieler Wörter durch Übung gelernt werden muss.
Wenn du dich auf dem Gebiet der Dehnung sicher fühlst, kannst du die folgende Zusammenfassung überspringen und deine Kenntnisse gleich mithilfe der Übungen und des Diktates prüfen. Wenn du dein Gedächtnis auffrischen musst, gehe die Übersicht auf dieser Seite noch einmal aufmerksam durch.

Es gibt verschiedene Möglichkeiten der Dehnung:

A. ***Doppelvokal:*** *Saal, Meer, Zoo.*
B. ***Dehnungs-h:*** *Hahn, mehr, ihm, Sohn, Stuhl, Föhn.*
C. ***Dehnungs-e nach i:*** *Sieg, Spiel, viel, Ziel.*
D. ***Ohne Dehnungszeichen:*** *Leben, Name, Schule, Känguru.*

Meist steht kein Dehnungszeichen

1. ***bei Wörtern mit t im Anlaut***
   z. B.: Tür, tun, Tugend.
2. ***bei Wörtern mit sch und qu im Anlaut***
   z. B.: Schwan, schwer, Schule, Schal; Qual, quer.
3. ***nach Diphthongen (ai, ei, au, eu, äu), obwohl sie lang gesprochen werden***
   z. B.: Hai, Laub, Scheune, Kreide, Mäuse, rau.
4. ***bei Präfixen und Suffixen***
   z. B.: furchtbar, Schicksal, heilsam, Eigentum, uralt.
5. ***bei Endungen von Fremdwörtern wie z. B. -ine, -in, -il***
   z. B.: Maschine, Gardine, Medizin, Kamin, Ventil, Krokodil.
6. ***Fehler beim Schreiben von „wieder“ bzw. „wider“ kannst du vermeiden, wenn du dir die Bedeutung des Wortes verdeutlichst:***
   wieder mit ie im Sinne von: erneut, zurück, *z. B.: wiedergewinnen;*
   wider mit i im Sinne von: gegen, *z. B.: widersprechen, widersetzen.*

A 1 Im folgenden Rechteck sind zehn Sprichwörter oder kluge Aussagen versteckt. Du findest sie, wenn du in der linken oberen Ecke beginnst und wie beim Schachspiel beim Zug mit dem Pferdchen weiter vorgehst (2 Felder nach oben, unten, rechts oder links, dann ein Feld nach oben, unten, rechts oder links; die ersten beiden Züge sind als Beispiele in das Feld eingezeichnet). Anstelle des Fragezeichens musst du den oder die richtigen Buchstaben einsetzen.

1 Pro	X	7 Men	ge	erst	d?	X	ße	m?lt	st?lt	erst
schen	X	Zeit	ren	en	des	kommt	uns	6 In	d?	X
10 Wer	b?	rings	zu	meiste	g?t	Str?	X	X	zu	keit
X	mit	vor	Zeit	X	ein	as	X	Stu	Büch	ren
s?t	ten	5 Wer	Bü	phal	en	über	4 D?	fang	lich	X
X	cher	Fan	X	fr?	X	g?t	en	Her	2 J?re	ern
W?	ist	es	t?rt	als	gang	de	An	all	X	9 Pünkt
3 O?ne	ta	Hir	ist	A?nen	am	m?r	eine	l?	l?gt	Wis
Herr	der	Tag	weil	ver	sich	aus	8 Über	sen	n?	aus
s?	den	des	ten	nur	dem	aller	ren	Sch?f	en	d?
stan	des	lang	es	en	wird	n?	sp?t	S?le	vor	en

Die Formel 1

A Unzählige Menschen sind fasziniert von Autorennen. Besonders die Königsdisziplin, die Formel 1, lockt Jahr für Jahr Hunderttausende von Zuschauern an. Viele von ihnen kommen sicherlich aus Sensationsgier zu den Rennen. In der Tat gibt es immer wieder schwere Unfälle, die nicht selten Menschenleben kosten. Hier regt sich auch der Widerspruch der Gegner von Autorennen. Für sie ist ein Menschenleben das höchste Gut auf Erden und sollte nicht leichtfertig aufs Spiel gesetzt werden. Daher verurteilen sie auch die Motivation der Zuschauer, die ihr Vergnügen darin sehen, andere in lebensbedrohenden Gefahren zu beobachten. Außerdem prangern sie die sinnlose Vergeudung von Unmengen von Treibstoff an. In einer Zeit von zunehmender Energieknappheit solle nach Autos geforscht werden, die wenige Liter Benzin brauchen. Dies könne die Formel 1 wohl kaum bieten. *(126 Wörter)*

B Die Gegner der Formel 1 können auf eine große Anzahl von Katastrophen in den letzten Jahrzehnten hinweisen. So gibt es kaum einen Weltklassefahrer, der sein Rennauto nicht mindestens einmal völlig demoliert hat. Dies konnte aber bisher noch keinen der Formel-1-Piloten davon abhalten, sofort in das nächste Auto zu steigen und mit quietschenden Reifen aus den Boxen zu rasen. Aber nicht nur die Fahrt mit dem Rennauto birgt Gefahren, auch der Halt zum Reifenwechsel und Tanken kann tödlich enden. Da alles blitzschnell geschehen muss, kann es vorkommen, dass ein Mechaniker die Reifen nicht ordnungsgemäß befestigt. Bei hoher Geschwindigkeit löst sich dann das Rad von der Aufhängung und der Rennfahrer verliert die Kontrolle über die Maschine. Noch schlimmer ist es allerdings, wenn beim Auftanken Benzin austritt. Es genügen schon wenige Tropfen, die sich am glühend heißen Auspuff des Autos entzünden, um im Nu ein riesiges Flammenmeer auflodern zu lassen. Nur das gedankenschnelle Eingreifen der Feuerwehr kann hier ein Überleben garantieren. Die schwersten Unfälle ereignen sich aber, wenn der Pilot die Gewalt über sein Fahrzeug verliert und ohne zu bremsen in die Masse der Zuschauer schießt. Die Menschen ergreift namenloses Entsetzen, jeder versucht zu fliehen, doch niemand kommt gegen die Mauer von Menschen an. Wen das Auto nicht erfasst, der kann sein Leben durch die Panik der Umstehenden verlieren. Für die Angehörigen bleibt dann nur Fassungslosigkeit und grenzenlose Trauer. *(226 Wörter)*

C Allerdings haben die Verantwortlichen aus diesen Katastrophen ihre Lehren gezogen. Inzwischen bieten große Flächen zu beiden Seiten der Fahrbahn sowohl den Zuschauern als auch den Rennfahrern Schutz. Außerdem wurden biegsame Zäune errichtet, die im Moment des Unfalls die Geschwindigkeit des Rennautos auf ein Minimum reduzieren. Des Weiteren wurden die Rennstrecken durch so genannte Schikanen verlangsamt. Man baute Kurven ein, die bei der ursprünglichen Strecke fehlten, und hat so die Gewähr, dass die Fahrer zum Bremsen gezwungen werden und damit die Geschwindigkeit mindern müssen. Die Piloten kommen also von einer langen Geraden, die sie mit ziemlich hohem Tempo absolvieren, in mehrere Kurven, bei denen sie in einen niederen Gang schalten müssen. Tun sie dies, geben Motor und Getriebe – spätestens beim Wiederbeschleunigen – ohrenbetäubende Geräusche von sich und die Zuschauer staunen über die Größe der Auspuffflammen der Wagen. Bremsen die Fahrer aber zu spät, können sie selbst mit überragenden Fahrkünsten ihr Gefährt nicht mehr bändigen und rasen statt um die Kurve einfach geradeaus. *(160 Wörter)*

D Da man beim Bau der Schikane aber mit solchen Fahrfehlern gerechnet hat, ist genügend Platz vorhanden, um das Auto sicher zum Stehen zu bringen. Meist passiert dem Fahrer dabei gar nichts, aber der Bruchpilot hat dann keine andere Wahl mehr(,) als die Sicherheitsgurte zu lösen und das demolierte Vehikel zu verlassen. Allerdings empfiehlt es sich, dies relativ schnell zu tun, denn man muss immer mit einer Explosion rechnen und im Nu brennt das Fahrzeug lichterloh. Für diese Fälle halten sich am Streckenrand ständig Helfer bereit, die mit Feuerlöschern einen Brand im Keim ersticken. Sollte der Fahrer verletzt oder ohnmächtig sein, befreien sie ihn – selbst unter Einsatz des eigenen Lebens – aus dem Auto.
Rivalen des Ausgeschiedenen signalisiert dann eine gelbe Fahne die Gefahr, um sie vor einem ähnlichen Schicksal zu bewahren. Zusätzlich zu den Neuerungen an den Rennstrecken wurde auch die Sicherheit der Wagen entschieden verbessert. Damit liegt es in erster Linie in der Hand des Fahrers, welche Risiken und Geschwindigkeiten er glaubt(,) gerade noch meistern zu können. Zweifellos muss er bis an die Grenzen seiner Fähigkeiten gehen, um den Sieg zu erringen. Er muss aber in der Lage sein, diese Grenzen zu erkennen und zu akzeptieren. Wenn er sie überschreitet, kann dies eine Tragödie zur Folge haben.

Trotz aller Vorsicht bleibt immer ein Restrisiko bestehen. Sollten sich aber alle Formel-1-Piloten über dieses Risiko im Klaren sein und fair, aber dennoch aggressiv fahren, wird dieser Sport weiterhin in der Gunst des Publikums ganz oben anzusiedeln sein. *(246 Wörter)*

Nachdem du deine Diktate korrigiert hast, unterstreiche in deinem Heft alle Wörter, die ein Dehnungszeichen enthalten, mit unterschiedlichen Farben (z.B. Dehnungs-e nach i: rot, Dehnungs-h: blau, Doppelvolkal: grün).
Kontrolliere anschließend, ob du alle Wörter, die grün gedruckt sind, unterstrichen hast.

Schärfung

Unter „Schärfung" – man kann dazu auch „Konsonantenverdoppelung" sagen – versteht man die Kennzeichnung von kurz gesprochenen Vokalen. Wenn du die Regeln der 5. und 6. Klasse beherrschst, kannst du dir diese Seite sparen und mit dem Diktat deine Kenntnisse überprüfen. Sollte dies nicht der Fall sein oder solltest du Fehler im Diktat machen, so führt kein Weg am Lernen oder Wiederholen der Regeln vorbei.
Also hier nochmals die Regeln in Kurzfassung:

Wichtig ist die Grundregel: Nach einem kurzen, betonten Vokal folgen zwei Konsonanten.

A. ***Verdoppelung des Konsonanten:***

Ball, kennen, fett.

B. ***Schärfung durch ck und tz:***

Sack, Latz, Katze.

C. ***Aufeinanderfolgen verschiedener Konsonanten:***

Schrank, Gift, folgen.

Mit folgenden Hilfen findest du dich leichter zurecht:

1. ***Keine Verdoppelung der Konsonanten in den Nachsilben -en, -er, -in, -nis im Singular:***

   Schülerin, Kenntnis.

   Verdoppelung der Konsonanten im Plural:

   Schülerinnen, Kenntnisse.

2. Keine Konsonantenverdoppelung, wenn mehrere Konsonanten aufeinander folgen:

Tipp!

Gärtner, Sportler.

Aber: **Konsonantenverdoppelung in konjugierten Verbformen, auch wenn mehrere Konsonanten aufeinander folgen:**

trennen – du trennst, hoffen – du hoffst.

Achtung: **Komposita behalten auch in der Zusammensetzung ihre doppelten Konsonanten:**

Ball – Ballmaschine, fett – Fettkloß.

3. Drei gleiche Konsonanten bleiben in Zusammensetzungen erhalten:

Schiff + Fahrt = Schifffahrt.

Ausnahmen: *dennoch, Mittag.*

4. Keine Konsonantenverdoppelung erfolgt bei kurzen Worten:

bei den Präpositionen in, an, am, um …

A 1 Finde die umschriebenen Begriffe. Ein Tipp: Die Anzahl der Punkte ist gleich der Anzahl der Buchstaben.

Gegenteil von Flut	E . . .	*Haft*	A . . . . .
Turngerät	B	*Bodenbelag*	T . . . . . .
langsames Tier	S	*Schultasche*	R . . . . .
Botschafter	G	*Blitz und Donner*	G . . . .
Hinweisschild aus Karton	P	*junger Teil eines Blattes*	B . . . .
gleichaltrige Geschwister	Z	*weihnachtliches Tannengebinde*	A . . . .
kleines Paket	P	*Kopfbedeckung*	M . . . .

4. Fall A........

bargeldloses Zahlungsmittel S.....

Tropfen einer schmierigen Substanz F..........

Geldstück M....

mit Zahlen versehen n..........

Wilde Musik

A Die Rockmusik hatte in den Sechzigerjahren ihren absoluten Höhepunkt erreicht. Sie bestimmte das Lebensgefühl einer ganzen Generation junger Leute. Aus den meisten Jugendzimmern schallten und hämmerten tagein, tagaus laute und schrille Töne, die gehörig an den Nerven der Eltern und Nachbarn zerrten, die diese Art von Musik einfach als „Krach“ oder „Negermusik“ bezeichneten und sie am liebsten verboten gesehen hätten. Aber nicht nur die Lautstärke war ungewohnt, auch das Aussehen und das Verhalten der Musiker in der Öffentlichkeit kannten weder Regeln noch Grenzen: Sie hatten lange Haare, zogen grellbunte Kleidung an und streckten den Reportern auch schon mal die Zunge heraus oder ließen sich nackt auf der Kloschüssel sitzend fotografieren. Die Gesellschaft der Erwachsenen war geschockt, Moralapostel hätten die „Gammler“ und „Hippies“ am liebsten eingesperrt gesehen, man witterte den Untergang des Abendlandes!

(132 Wörter)

B Am schlimmsten empfanden die besorgten Eltern jedoch das, was sich in unzähligen Rockkonzerten abspielte: Die Hallen waren schon lange vor Konzertbeginn brechend voll. Man hockte am Boden eng beieinander, rauchte, trank und unterhielt sich. Wenn dann plötzlich das Licht im Saal ausging, die Scheinwerfer aufblitzten und alles in ein buntes Lichtermeer tauchten, sprangen die Leute wie von einer Hornisse gestochen auf, drängelten sich nach vorne an die Rampe und starrten wie gebannt auf die Bühne. Da standen sie nun, die Idole, deren Songs man auswendig konnte und deren Kleidung und Aussehen man – so gut es eben ging – zu kopieren versuchte.
Die Musik fing meist wie ein Donnerschlag an und die Musiker machten dazu die wildesten Verrenkungen. Überall blitzten und blinkten die bunten Scheinwerfer, mal tauchten sie die Bühne in ein dunkles Blau, mal flimmerten die verschiedensten Farben wie in einem Kaleidoskop.

(141 Wörter)

C Am wichtigsten war natürlich der Sänger. Er sang nicht, er brüllte oder krächzte seine Texte in das Mikrofon, das er manchmal wie ein Lasso schwang oder samt dem Ständer in die Lautsprecher donnerte. Seine Gesichtszüge verzerrten sich beim Singen zu einer Maske, er hüpfte und rannte über die Bühne und wirkte dabei wie ein aufgezogenes Männchen. Dazu fetzte der Gitarrenspieler so schrille Töne durch die Boxen, dass einem die Ohren klingelten. Die Schwingungen der Basstöne konnte man in der Magengrube spüren und der Schlagzeuger brachte einem das Trommelfell fast zum Platzen.
Das alles schreckte die jugendlichen Fans aber nicht ab, es spornte sie vielmehr an, sich völlig gehen zu lassen: Viele tanzten und schüttelten ihre Köpfe derart, dass die langen Haare nur so herumwirbelten. Jeder schwitzte und brüllte die Songtexte mit, sodass der Saal einem Dampfkessel glich, der gleich überzukochen drohte. *(141 Wörter)*

D Wenn ein Musikstück vorüber war – die meisten wurden bei Livekonzerten durch minutenlange Improvisationen und Soli der verschiedenen Musiker oft auf die mehrfache Länge ausgedehnt –, klatschten Tausende von Händen frenetisch Beifall, die Münder pfiffen und johlten verzückt.
Am Ende eines Konzertes war dann jeder geschafft, nicht nur die Musiker auf der Bühne. Die Leute schlenderten schlapp, aber mit glücklichen Gesichtern aus der Halle, die hinterher immer wie ein Schlachtfeld aussah. Aber das gehörte einfach dazu und sollte nicht darüber hinwegtäuschen, dass diese Großveranstaltungen fast immer sehr friedlich abliefen, auch wenn das die Erwachsenen und die Presse nicht so einfach glauben wollten.
So ist das eben mit der älteren Generation: Sie kann die Jugend einfach nicht verstehen! Aber vielleicht ist das ja auch das Ziel der Jugendtrends, dass sie von den Alten nicht verstanden werden wollen! *(134 Wörter)*

Nachdem du deine Diktate korrigiert hast, unterstreiche alle Wörter, die der Grundregel **A** und der Grundregel **B** folgen.

Erinnerst du dich noch?

A: Verdoppelung des Konsonanten
B: Schärfung durch „ck“ und „tz“

s-Laut

Im Unterschied zu den schwierigen Regeln der Groß- und Kleinschreibung oder der Zusammen- und Getrenntschreibung gibt es für die Schreibung der s-Laute eindeutige Vorschriften. In der 5. und 6. Klasse hast du sie schon kennen gelernt und beherrschst sie.
Solltest du dir aber nicht mehr sicher sein oder die Schreibung der s-Laute neu lernen müssen, so hilft dir die folgende Wiederholung:

1. ***Nach einem langen Vokal (a, e, i, o, u), nach Diphthongen (= Doppelvokal: eu, ei, au, äu) und nach langen Umlauten (ä, ö, ü) kann s oder ß stehen. Es darf aber nie ss folgen.***

Hase, Rose, Fuß, Maß, Reise, Gebläse, gießen.

Hilfe: ***Beachte, wie der s-Laut gesprochen wird.***

Bei genauem Hören kannst du unterscheiden zwischen
– stimmhaftem (weichem) s-Laut: Darauf folgt s.

Hose, lesen.

– stimmlosem (hartem) s-Laut: Darauf folgt ß.

Floß, genießen.

2. ***Nach kurzem Vokal steht immer ss.***

essen, küssen, lassen, der Kuss, der Fluss,
er passt, ich muss, wässrig.

Ausnahmen: *einige einsilbige Wörter wie Bus, des, wes (aber: Busse, dessen, wessen).*

3. ***Nach Konsonanten (Mitlauten) steht immer nur s.***

Hals, Erbse, Pinsel.

4. ***Aus dem Suffix (Nachsilbe) -nis wird im Plural immer -nisse.***

Missverständnis – Missverständnisse

7 s-Laut

Um richtig zu schreiben(,) musst du darauf achten, ob ein Vokal oder ein Diphthong vor dem s-Laut steht. Folgt der s-Laut einem Konsonanten, dann steht „s“. Folgt der s-Laut einem kurz gesprochenen Vokal, dann musst du „ss“ schreiben. Steht vor dem s-Laut ein lang gesprochener Vokal oder Diphthong, wird „ß“ oder „s“ geschrieben.

das Floß	↔	**es floss**
fließen	↔	**der Fluss**
gießen	↔	**der Guss**
der Hase	↔	**hassen**
die Nase	↔	**nass**
der Riese	↔	**es riss**

A **1** In dem folgenden Rätsel sind 18 Wörter mit einem s-Laut versteckt.

waagerecht:

1. *deuten*
2. *nicht schön*
3. *nicht drinnen*
4. *Farbe*
5. *nicht klein*
6. *speisen*
7. *nur*
8. *wenig*
9. *Gegenteil von winzig*

senkrecht:

1. *nicht langweilig*
2. *lustig*
3. *das Gegenteil von kalt*
4. *nicht trocken*
5. *eine Zahl*
6. *in Urlaub fahren*
7. *farblos*
8. *sich fürchten, sich grausen*
9. *„Hallo" sagen*

Herakles

A Zu den **größten** Helden der griechischen Mythologie* zählt Herakles*, **dessen** lateinischer Name Herkules lautet. Schon **als** er in der Wiege lag, sorgte er für **grenzenloses** Staunen, **als** er zwei Schlangen erwürgte, die ihn mit ihren **Bissen** töten wollten.
Noch gewaltiger wurde sein Ruhm durch die zwölf Aufgaben, die er **lösen musste,** um in den Olymp*, die Wohnstatt der Götter, zu gelangen.
Als Erstes wurde ihm die Aufgabe gestellt, den Nemeischen* Löwen zu töten. Dem Fell **dieses** Tieres konnte weder durch **Bogenschüsse** noch durch Schwerthiebe Schaden zugefügt werden. Trotzdem **schoss** Herakles alle seine Pfeile auf die **Bestie** ab, allerdings **erfolglos. Als** auch sein Schwert versagte, erwürgte er **das** Untier **schließlich** mit **bloßen** Händen. Die zweite Prüfung verlangte von Herakles die Ermordung der Hydra*, eines **hässlichen** Ungeheuers von hundeähnlicher Gestalt und mit acht oder neun Schlangenköpfen. **Außerdem wusste** man, **dass** ihr Atem für Menschen tödlich war.
Herakles näherte sich der Hydra mit geschlossenem Mund. Ohne gebissen zu werden(,) gelang es ihm, dem Untier einige Köpfe abzuschlagen. Für jeden Kopf, den er abhackte, wuchsen sofort zwei neue. Erst als Herakles die Wurzeln der abgeschlagenen Köpfe mit Feuer versengte, gelang es ihm, das Nachwachsen zu beenden und die Hydra zu töten.

*(197 Wörter; * diese Wörter sind anzugeben)*

B **Als** dritte Aufgabe sollte Herakles die Kerynithische* Hindin lebend einfangen. Da **das** Tier nicht **misshandelt** werden durfte, **ließ** er sich Zeit und jagte **das** pfeilschnelle **Wesen** ein Jahr lang über alle **Hindernisse.** Über alle **Maßen** ermüdet(,) sehnte die Hindin **das** Ende der Jagd herbei und ergab sich **gefasst** in ihr Schicksal.
Auch bei der **nächsten** Prüfung durfte kein Blut **fließen,** denn Herakles sollte den Erymanthischen* Eber suchen und fangen. Der Eber war ein **riesiges** Tier, **das** in den Wäldern sein **Unwesen** trieb und Bäume **ausriss.** Herakles **löste** die Aufgabe, indem er den Eber **aus** dem Dickicht in Richtung des **Flusses** trieb. Dabei blieb **das böse** Tier in einem **eisigen** Schneehaufen stecken. Herakles nutzte die **Blöße,** die sich der Eber gab, stürzte sich auf ihn und **fesselte** ihn.
Damit war der Weg zur fünften Aufgabe **gewiesen.** An einem Tag **musste** Herakles die **maßlos** verschmutzten Ställe **des** Augias* säubern. **Diese**

waren schon seit Jahren nicht mehr gereinigt worden und ihr Gestank verpestete zum **Missmut** der Bewohner die gesamte **Insel.** Doch Herakles **ließ** sich nicht **verdrießen** und tat, wie ihm **geheißen.**

*(178 Wörter; * diese Wörter sind anzugeben)*

C Herakles **riss** die Mauern der Ställe an zwei Stellen nieder und leitete zwei **Flüsse** durch sie. **Das Wasser** schwemmte allen Schmutz **aus** den Ställen der Tiere, unter denen sich auch die **allseits** berühmten **weißen** Bullen befanden.
Nun konnte die **sechste** Prüfung in Angriff genommen werden: die Vertreibung der Stymphalischen* Vögel. **Es** handelte sich hierbei um bronzeklauige*, bronzegeflügelte und Männer und Tiere **fressende** Vögel. In **großen Massen** hatten sie sich in einem Sumpf **niedergelassen.** Mithilfe einer Klapper gelang **es** Herakles, solche Furcht **einflößenden Misstöne** zu erzeugen, **dass zahllose** Tiere wie **Geschosse** aus dem Sumpf flogen und ihre Heimat **verließen.**
Als siebte Aufgabe fing Herakles den Kretischen* Stier ein. **Dieser verwüstete bewässerte** Gebiete, **riss** die Saaten **aus** und verbrannte mit seinem sengenden Atem **das** Land.
Der achte Auftrag lautete: Fange die vier wilden Mähren **des** Königs Diomedes*! **Diese** waren mit **eisernen** Ketten **gefesselt** und das Fleisch der **ahnungslosen** Gäste **des** Königs wurde ihnen zum **Fraß** vorgeworfen. Herakles gelang **es,** die Pferde **aus** ihrem Stall zu entführen. Auf der Flucht **musste** er die Tiere kurze Zeit einem Freund zur Aufsicht **überlassen,** um die **zahlenmäßig** überlegenen Feinde zurückzuschlagen. Dabei gelang **es** ihm, König Diomedes zu betäuben. Er schleppte den **Bewusstlosen** zu **dessen** eigenen Tieren, die ihn **genussvoll fraßen.**

*(204 Wörter; * diese Wörter sind anzugeben)*

D Als neunten Auftrag musste Herakles den Gürtel der Hippolyte* herbeischaffen. Hippolyte war die Königin der Amazonen*, eines Volkes kriegerischer Frauen, die allen Angst und Schrecken einflößten. Auch dies war kein Hindernis für Herakles auf seinem Weg zum Olymp.
Die Beschaffung des Viehs des Geryon* war Herakles' zehnte Prüfung. Hierzu musste er auf die Insel reisen, auf der Geryon herrschte. Dieser besaß dort unermesslich schöne Viehherden. Als zusätzliche Erschwernis durfte Herakles weder Forderungen stellen noch Bezahlung verlangen. Als Geryon, der drei Köpfe, sechs Hände und drei Körper besaß, die an der Hüfte zusammengewachsen waren, vom Diebstahl hörte, raste er vor Zorn und forderte Herakles zum Kampf. Dieser griff Geryon von der Seite an und tötete ihn, indem er einen Pfeil durch alle drei Körper schoss.
Als elfte Aufgabe raubte Herakles die Äpfel der Hesperiden* und zum Schluss holte er den Hund Zerberus* aus der Hölle. Keine seiner Prüfungen war misslungen und seine Aufnahme in den Olymp konnte beschlossen werden. *(158 Wörter)*

das – dass

Kaum zu glauben, aber wahr: Jeder dritte (!) Rechtschreibfehler, der im Deutschen gemacht wird, ist auf die falsche Verwendung von „das“ und „dass“ zurückzuführen. Deshalb haben wir diesem Problemfall in dem Band für die 5. und 6. Klasse ein ausführliches Kapitel gewidmet und hoffen, wir haben dir geholfen(,) diesen Missstand zu beseitigen. Solltest du aber trotzdem noch zu den vielen gehören, die Schwierigkeiten mit „das“ – „dass“ haben, dann arbeite die folgende Zusammenfassung so lange durch, bis du dieses Problem im Schlaf beherrschst.

8 das – dass

Im Unterschied zu den Problemfällen der Groß- und Kleinschreibung oder der Zusammen- und Getrenntschreibung sind die Regeln im Falle von **das – dass** sonnenklar:

1. Das Wort dass ist immer eine Konjunktion.
Sie verbindet Sätze miteinander (Komma nicht vergessen!).

Es ist gut, dass es die Duden-Schülerhilfen gibt.

Dass ich früher ohne sie auskommen musste, gefiel mir gar nicht.

2. Bei allen anderen Fällen wird mit s geschrieben.
Dabei sind drei Wortarten zu unterscheiden:

– der Artikel	*das Buch, das Lesen*
– das Demonstrativpronomen	*Das hätte ich wissen müssen.*
– das Relativpronomen	*Die Schreibung von das/dass ist ein Problem, das für mich bald keines mehr ist.*

Zu deiner Beruhigung: Selbst wenn du die Wortart einmal nicht bestimmen kannst, die Schreibung ist immer gleich.

So, jetzt dürften die folgenden Übungen und Diktate nur noch Lockerungsübungen für dich sein!

A 1 Konjunktion oder Relativpronomen?
Bilde Satzgefüge, indem du jeweils einen Satz aus beiden Satzspeichern sinnvoll miteinander kombinierst. Das Zeichen (...) bedeutet, dass hier ein Satz **eingeschoben** werden muss.
Setze in die Leerstellen die richtige Form von **das / dass** ein.
Beachte außerdem die Kommasetzung!

Satzspeicher 1

1. Ich musste über den Witz so heftig lachen,
2. Es ist mir völlig neu,
3. Die Wüstentour wird ein Abenteuer werden,
4. Ich habe das Buch, (...), noch nicht gelesen.
5. Ich gebe dir dein Taschengeld,
6. ………… du mich so lächerlich gemacht hast,
7. Das Essen, (...), ist mein Leibgericht.
8. Womit habe ich es verdient,
9. Durch die „Duden-Schülerhilfen" weiß ich,
10. Ich möchte ein Tier haben,

Satzspeicher 2

A. auf ………… ich mich schon seit Jahren freue.
B. ………… ich gekocht habe.
C. ………… ich vom Hocker gefallen bin.
D. ………… genauso verspielt ist wie ich.
E. ………… ihr umgezogen seid.
F. ………… ich immer die blodesten Lehrer kriege?
G. ………… du aber nicht gleich wieder ausgeben sollst.
H. ………… Übung den Meister macht.
I. ………… auf meinem Nachttisch liegt.
J. ………… werde ich dir nie vergessen.

A 2 das / dass und die Ersatzformen

Setze die richtige Form von **das / dass** in die Leerstellen ein und schreibe die Ersatzformen in die Klammern:
– *ein* (bei Artikel),
– *dieses* (bei Demonstrativpronomen) oder
– *welches* (bei Relativpronomen).

Vorsicht: Manchmal gibt es keine Ersatzform!
Kennst du die Regel? – Schreibe sie auf!

1. *Ich möchte .... (..................) Gespräch jetzt nicht unterbrechen.*

2. *Es ist schön, ... (..................) du noch kommen konntest.*

3. *............ (..................) Sportfest ist eine Abwechslung im Schulalltag.*

4. *............ (..................) ist nun schon .... (..................) dritte Mal,*

   .... (..................) ich dir .... (..................) gesagt habe.

5. *Gib mein Heft, ... (..................) ich dir gegeben habe, zurück.*

6. *............ (..................) du daran gedacht hast, ... (..................) freut mich außerordentlich.*

7. *............ (..................) Kind, ... (..................) spielen kann, ist so glücklich, ... (..................) es lächelt.*

8. *............ (..................) du mir nicht wieder zu spät nach Hause kommst!*

9. *Ich will nicht, ... (..................) du morgen müde bist.*

10. *Reiten ist von allen Dingen genau .... (................), ... (................) ich am liebsten mache.*

11. *Es ist schön, ... (................) dir .... (................) Üben der „das" / „dass"-Regeln immer weniger Mühe bereitet.*

12. .... (................) *eine Mal wirst du mir doch helfen können!*

13. *Ist .... (................) wahr, ... (................) ihr mich lobt?*

14. *Es ist vor allem .... (................) Basteln, ... (................) mir Spaß macht.*

15. *Das Mädchen sagte, ... (................) es .... (................) heiße Wetter nicht vertrage.*

„Der Fliegende Holländer" im Jahre 1996

A **Dass** die Oper unter Jugendlichen nicht allzu viele Fans hat, **das** ist zwar eine Tatsache, aber doch nicht so recht verständlich. Wenn man sich nämlich die Inhaltsangabe vieler Werke ansieht, erkennt man, **dass** sie nur oberflächlich betrachtet von Königen, Helden, Fabelwesen oder Sagengestalten handeln und **dass** sie bei genauerem Hinsehen oft so allgemein gültig sind, **dass** man sie ohne weiteres in die heutige Zeit übertragen kann, **dass** sie also sehr modern sind. **Das** Musikdrama „Der Fliegende Holländer" von Richard Wagner ist solch ein Werk. **Das** soll uns als Beispiel dafür dienen, **das** eben Behauptete zu verdeutlichen. Eine Inhaltsangabe könnte damit beginnen, **dass** die Hauptfigur ein holländischer Seefahrer ist, den vor langer Zeit sein Schicksal ereilt hat. Damals war er mit seinem Schiff, **das** ein rotes Segel hatte, auf hoher See und näherte sich gerade einem Kap, als **das** Wetter umschlug und er in einen heftigen Sturm geriet. *(147 Wörter)*

B Der furchtlose Kapitän schwor aber bei allen Teufeln, **dass** er das Kap umschiffen wolle, und sollte er auch bis zum Jüngsten Tag segeln müssen. Der Teufel nahm ihn beim Wort und verdammte ihn dazu, **dass** er und seine Mannschaft bis zum Jüngsten Gericht mit ihrem gespenstisch aussehenden Schiff umherirren müssten, es sei denn, **dass** der Holländer ein Weib fände, **das** ihn durch seine Treue erlösen würde. Dazu dürfe er alle sieben Jahre an Land gehen und heiraten. Trotz vieler Versuche hat er **das** treue Eheweib bisher aber noch nicht gefunden. Die Oper selbst zeigt nun **das** Ende des Fluchs: Er trifft auf eine junge Frau, Senta, die wegen der Tatsache, **dass** sie sich oft in eine Fantasiewelt flüchtet, von ihrer Umwelt nicht verstanden und oft verlacht wird. **Das** erste Zusammentreffen zeigt ihr, **dass** er der Mann ihrer Träume ist, und sie verspricht ihm, **dass** sie ihn heiraten und **dass** sie ihm treu bleiben werde bis zum Tod. Da sie **das** Versprechen einlöst und am Ende sogar für ihn in den Tod geht, bedeutet **das** die Erlösung für den Holländer.

(179 Wörter)

C Wie könnte **das** Thema nun aktualisiert werden? Nehmen wir an, **dass** der Holländer jetzt ein Obdachloser wäre, dem es früher gut ging. Er hatte eine gut bezahlte Arbeit und er prahlte damit, **dass** er bald ein großes Haus bauen werde. Mit Arbeitslosen, Obdachlosen und Pennern hatte er kein Mitleid, er war vielmehr der Meinung, **dass** sie selbst

schuld an ihrer Situation seien und **dass** jeder, der arbeiten wolle, auch Arbeit bekomme. Außerdem ärgerte er sich darüber, **dass das** viele Geld, **das** er als Steuern abgeben müsse, vor allem dafür verwendet werde, **dass** man damit gerade jene Leute unterstütze.
Aber **das** Glück verließ ihn. Schwere Schicksalsschläge brachen über ihn herein, sodass man meinen könnte, **dass** er für seinen Hochmut bestraft worden wäre: Er verlor seine Arbeit ohne eigenes Verschulden, auf **das** große Haus und **das** neue Auto musste er verzichten. Er fing an zu trinken und hatte immer öfter Streit mit seiner Frau, sodass sie ihn schließlich verließ. *(157 Wörter)*

D **Das** Geld, **das** ihm nach Abzug aller Schuldzinsen monatlich übrig blieb, reichte nicht mehr für **das** Bezahlen einer Wohnungsmiete und so kam es, **dass** er obdachlos wurde.
Sein Leben besteht jetzt darin, **dass** er mit Pennern umherzieht und kaum Chancen hat, **dass** ihm ein Personalchef bei seinem verwahrlosten Aussehen Arbeit gibt. Auf der Straße wird er von den Leuten gemieden und manchmal auch beschimpft. Es ist sogar schon einmal vorgekommen, **dass** Skins ihn überfallen und verprügelt haben. Er ist sehr

scheu geworden und es gelingt ihm kaum noch, **dass** er mit normalen Leuten ins Gespräch kommt. Nur die Hoffnung, **dass** ihm doch noch einmal **das** Glück lachen könnte und **dass** er eine Frau kennen lernen würde, die ihn so, wie er ist, akzeptieren und lieben würde, hält ihn noch aufrecht. **Das** wäre dann der Augenblick, wo er von seiner schicksalsschweren Vergangenheit erlöst wäre.
Vielleicht hast du gemerkt, **dass** sich beide Geschichten in ihrem Kern sehr ähneln und **dass das** Thema dieser Oper von 1841 gar nicht so altmodisch ist! *(169 Wörter)*

Gleich und ähnlich klingende Vokale und Konsonanten

Eigentlich dürften dir diese Rechtschreibprobleme kaum noch Schwierigkeiten bereiten. Zur Sicherheit aber hier noch einmal die wichtigsten Problemfälle in einer Übersicht:

Vokale: ***In der deutschen Sprache gibt es drei gleich klingende Vokalpaare:***

1. *ä – e* ***Die Schreibung mit ä kann man meist erkennen, wenn man die Ableitung bildet.***

   behände → Hand, Bändel → Bund.

2. *äu – eu* ***Die Schreibung mit äu kann man meist erkennen, wenn man die Ableitung bildet.***

   schnäuzen → Schnauze.

3. *ai – ei* ***Hier gibt es keine Hilfe, aber die wichtigsten Wörter mit ai sollte man sich einfach merken:***

   Mais, Saite, Waise, Laie, Brotlaib, Taifun, Hai, Kaiser, Mai.

Konsonanten: ***Die meisten Fehler werden bei folgenden Ähnlichkeiten gemacht:***

1. *tot-/tod-* ***Faustregel für zusammengesetzte Wörter:***
   - ***als Adjektiv mit d:*** *todernst, todkrank.*
   - ***als Verb mit t:*** *totlachen, totargern.*
   - ***bei Todes- mit d:*** *Todesfall, todesmutig.*
   - ***bei Toten- mit t:*** *Totenkopf, totenbleich.*

2. *end-/ent-* ***Versuche den Sinn des Wortes zu erfassen:***
   - ***end hat inhaltlich meist etwas mit Ende/Schluss zu tun:*** *Endspurt, endgültig, endlich.*
   - ***ent- hat inhaltlich meist etwas mit weg- zu tun:*** *Entführung, entfliehen, entreißen.*

3. *-lich/-isch/-ig*

Verlängere einfach das Wort:

kleinlich → *kleinliche*
himmlisch → *himmlische*
farbig → *farbige*

4. ***Stadt/Statt/statt***

Stadt = *Siedlung: Großstadt, Stadtrat*
Statt = *Stätte: Werkstatt, Ruhestätte*
statt = *stellvertretend: anstatt, Statthalter*

A 1 Setze die folgenden Adjektive und Verben mit „tot-“ oder „tod-“ zusammen:

krank, sagen, schießen, ernst, schick, sicher, fahren, unglücklich, müde, blass, schlagen, schweigen, treten, elend, lachen, wund, geglaubt, arbeiten

tot-	tod-
....	....
....	....
....	....
....	....
....	....
....	....
....	....

A 2 Setze ein: d, t, dt, tt

Sta_teil	En_schluss	unen_lich
ansta_	en_gleisen	En_spurt
Lagerstä_e	Kreisstä_e	En_station
En_fernung	en_gültig	en_los
sta_bekannt	Gaststä_e	sta_lich

Test

Windsurfen

A **Ähnlich** einer Riesenwelle schwappte vor **ungefähr** 25 Jahren die Sportart Windsurfen aus den USA nach **Europa** herüber. Dieser Sport **entwickelte** sich aus dem jahrhundertealten Wellenreiten der Polynesier, die auf schmalen Holzbrettern zwischen den **Wellenkämmen** ihre **abenteuerlichen** Kunststücke vollführten. **Während** der Fünfziger- und Sechzigerjahre erlebte das Wellenreiten vor allem in Amerika **allmählich** einen großen Aufschwung (**eure Eltern** werden sich noch sehr gut an die **zugehörige** Musikrichtung der „Beach Boys“ erinnern). Eines Tages kamen ein Surfer und ein Segler ins **Gespräch** und einer **äußerte** die Idee(,) ein Surfbrett mit einem Segel auszustaffieren.

Zwei Jahre tüftelten sie **täglich** an dieser Idee, dann wurde der Windsurfer zum Patent angemeldet. Das anfangs sehr **aufwendige Gerät** erregte großes Aufsehen und große **Freude,** als die ersten **Käufer** versuchten(,) Brett und Segel zu **bändigen. Später** wurde es immer weiterentwickelt und **fällt heute** den **Leuten** schon lange nicht mehr auf. *(142 Wörter)*

B Es gibt **wenige** Sportarten, bei denen sich Könner und **Anfänger** so grundlegend voneinander unterscheiden wie beim Windsurfen. **Während** die einen über Wasser segeln, segeln die anderen ununterbrochen hinein. **Wenigen wirklich** guten Surfern stehen **unzählige Leute** gegenüber, die **vorrangig** versuchen(,) beim Fallen eine gute Figur zu machen(,) und ansonsten vor allem ihr **Sportgerät** auf dem Autodach spazieren fahren. **Häufig** ist es auch **völlig** genug, mit dem Board auf dem Dach in der **Nähe** überfüllter **Bäder** am Baggersee aufzutauchen. Keine Angst, niemand wird Anstoß nehmen, dass das Brett unberührt auf dem **Gepäckträger** bleibt! Man kritisiere dann einfach den Wind, das zu kleine Revier, das Getümmel auf dem See. **Unerträglich!** Kein Vergleich mit Ostsee oder Sardinien! Noch eine **launige** Bemerkung über Fußstellung, Starkwind oder **Wende** und der „Experte" ist von einer **Meute wissbegieriger Surffreunde** umringt und kann sich bewundern lassen. *(137 Wörter)*

Marathonlauf

A Zwei Stunden und zehn Minuten – manchmal noch etwas **weniger** – braucht ein **Spitzenmarathonläufer,** um die 42,195 km lange Strecke zu **bewältigen.** Das **bedeutet,** er **läuft** im Schnitt die hundert Meter in **ungefähr** 18 Sekunden, für die 1000-Meter-Strecke braucht er circa drei Minuten. Jeder, der schon einmal mit einer Stoppuhr seine Zeiten genommen hat, kann beurteilen, welch **großartige** Leistung dies ist.

Es gibt Mediziner, die **neuerdings** behaupten, Marathonlauf sei **weniger** eine **sportliche** Leistung als vielmehr eine Sucht. Durch die starke Sauerstoffzufuhr würden die Athleten wie narkotisiert ihre Rennen bestreiten. Sie liefen also nicht unbedingt **freiwillig,** sondern sie könnten **letztendlich** einfach nicht mehr aufhören. Wie in Trance setzen sie also Schritt vor Schritt, bis sie **schließlich** im **Endspurt** das Ziel erreichen. **Gelegentlich** wird sogar gemunkelt, dass die **Betreuer,** die sich den

Laufenden frontal **entgegenstellen,** nicht **vorrangig** dazu da sind, die Erschöpften aufzufangen, sondern um sie daran zu hindern(,) weiterzulaufen! *(146 Wörter)*

B Seit **einigen** Jahren laufen auch Frauen diese Strecke – die besten sind nur wenige Minuten langsamer als die **männlichen** Asse. Bei den **neuerdings** überall **stattfindenden Stadtmarathons** sieht man inzwischen sogar ganze Familien: Oma, Opa, Mutter, Vater, Kind. Meist steigen sie in umgekehrter Reihenfolge aus dem Lauf aus und die Oma erreicht als **Einzige** das Ziel, wo sie **geringschätzig** mitteilt, die Strecke sei nicht sehr anspruchsvoll gewesen.
Marathonläufer sind die **eigentlichen** Helden der Landstraße, jeder normale **Sterbliche,** der sich selbst zum Brötchenholen ins Auto setzt, sollte vor Respekt den Hut ziehen. Besondere Hochachtung verdient **sicherlich** der afrikanische **Leibwächter** Abebe Bikila, der 1960 und 1964 den **olympischen** Marathonlauf gewinnen konnte: barfuß!

(108 Wörter)

Lösungen

Kapitel 1 ▸ Groß- und Kleinschreibung

1 **1.** Dreizehn **2.** ein viertel **3.** ein Viertel **4.** Zwei **5.** dritte **6.** zehn **7.** drei, Zwei **8.** eine Million, sechs **9.** Tausend **10.** Hunderte **11.** Zwanzigsten **12.** ersten, Dritte, acht **13.** elf

2 **1.** heute Morgen **2.** Am Sonntag **3.** heutige, von gestern **4.** bis heute **5.** Eines Nachmittags **6.** abends, in der Nacht **7.** am Montagabend, Dienstagmittag, mittwochmorgens **8.** Am Morgen, zu Mittag, nachts **9.** für morgen **10.** sonntagmorgens, gegen Mittag

3 **1.** schwarze, Grün **2.** Rot **3.** rot **4.** blauem, Grün **5.** rote, Schwarz **6.** Silber **7.** gelb **8.** Rot **9.** grün **10.** blau, Blau **11.** Schwarz **12.** braune

4 **1.** Angst, Angst **2.** beiden **3.** Dank, dank **4.** Paar, paar **5.** Recht, Recht **6.** schuld, Schuld **7.** Bescheid **8.** Dunkeln, Dunkeln **9.** wichtigsten, Stillen **10.** Reine

5 **1.** Neues **2.** schlechten **3.** Moderne **4.** schreien, Rauchen **5.** Abschreiben **6.** Schwimmen **7.** unwichtigen, Interessantes **8.** neuestes **9.** Gutes **10.** Basteln

6 **1.** Einzelnen **2.** Letzten **3.** im Großen und Ganzen **4.** Mal **5.** andere **6.** Wenigste **7.** trotz **8.** Beliebigen **9.** ohne Wenn und Aber **10.** Groß und Klein, Alte und Junge **11.** Dicke, dick und dünn

7

eines Morgens	Seite 15:	Tageszeiten
lautes Rufen	Regel 2:	als Substantiv gebrauchtes Verb
„Heute	Regel 7:	erstes Wort einer direkten Rede
„Aber	Regel 7:	erstes Wort einer direkten Rede
mein Lieber	Regel 2:	als Substantiv gebrauchtes Adjektiv
etwas Besonderes	Regel 3:	Mengenangabe
der Dreizehnte	Regel 8:	substantiviertes Zahlwort
...?“, fragte	Regel 20:	nach Fragezeichen innerhalb eines ganzen Satzes
das Mindeste	Regel 9:	unbestimmtes Zahladjektiv als Substantiv
Hin und Her	Regel 10:	als Substantiv gebrauchte Adverbien
ein paar Jahren	Regel 17:	unbestimmtes Zahlwort
schuld sein	Seite 16:	aus einem Substantiv (die Schuld) entstandenes Adjektiv in Verbindung mit „sein“
deinen	Regel 4:	das Possesivpronomen der vertraulichen Anrede „du“
im Großen und Ganzen	Regel 2:	als Substantiv gebrauchte Adjektive
dich	Regel 4:	vertrauliche Anrede
aufs Äußerste	Regel 2:	als Substantiv gebrauchtes Adjektiv
Edenkobener Straße	Regel 5:	vom geographischen Namen abgeleiteter Eigenname auf -er
Im Vierten Mittelweg	Regel 11:	Straßenname
die freundlichste	Regel 18:	Substantiv (= Lehrerin) geht voran
‚Sehen	Regel 12:	erstes Wort eines zitierten Satzes
Sie	Regel 4:	Höflichkeitsanrede
!‘ wollte	Regel 20:	nach Ausrufezeichen innerhalb eines Satzes
jede Beliebige	Regel 2:	als Substantiv gebrauchtes Adjektiv
Friedrich der Große	Regel 5:	mehrteiliger Name
der Direktor	Regel 1:	Substantiv

Kapitel 2 ▸ Getrennt- und Zusammenschreibung

2 zuschlagen | zuziehen | zu teilen | zuzuhören | zufrieren | zuzusenden oder zu senden | zuzugeben | zu spielen | zudrehen | zuzukleben | zudrücken | zumachen | zuschließen

3 seitdem | nach dem | in dem | indem | nachdem | seit dem | nach dem | seit dem | in dem | indem | seitdem | indem

4 Schillerplatz | Auf dem Sand | Wiener Straße | An der Alten Mühle | Sperlingsgasse | Waldpark | Augustaanlage | Thomas-Mann-Allee

5 Auflösung zu Testdiktat 2:
Der Missionar sagte: „Ihr werdet mich verbrennen." Jetzt wussten die Eingeborenen nicht, was sie tun sollten. Wenn sie den Missionar wirklich verbrennen wollten, so hatte er die Wahrheit gesagt. Also müssten sie ihn mit vergifteten Pfeilen töten. Dann aber hätte der Missionar gelogen. Demzufolge müsste er verbrannt werden. Und so weiter!

Kapitel 3 ▸ Fremdwörter

1

Hauptwort = Substantiv
Fürwort = Pronomen
Bindewort = Konjunktion
Einzahl = Singular
Mitlaut = Konsonant
Mehrzahl = Plural
Beugung = Konjugation
Fall = Kasus
Zeit = Tempus
Zahl = Numerus
Zahlwort = Numerale
besitzanzeigendes Fürwort = Possessivpronomen
bezügliches Fürwort = Relativpronomen
hinweisendes Fürwort = Demonstrativpronomen
Eigenschaftswort = Adjektiv
Begleiter = Artikel
Grundform = Infinitiv
Tätigkeitswort = Verb
Befehlsform = Imperativ
Selbstlaut = Vokal
Doppellaut = Diphthong
Satzaussage = Prädikat
Umstandswort = Adverb
Satzgegenstand = Subjekt
Verhältniswort = Präposition

2

Jazz – Musikrichtung
Sandwich – belegtes Brot
Weekend – Wochenende
fair – anständig, gerecht
Safe – Schließfach
Clown – Spaßmacher
Stewardess – Flugbegleiterin

3

1. Restaurant
2. Souvenir
3. Champagner
4. Etage
5. Bassin
6. Balance

4 *Computer:* Bytes | Computer | Cursor | Diskette | Formatieren | Monitor | Tabulator
Musik: Box | Kassettenrekorder | Disc | Display | Mikro | Power | Sound

M	K	O	D	T	K	O	R	F	A	E	T	E	U	B	A	B
D	S	A	L	Y	A	L	P	S	I	D	H	A	L	M	W	J
F	I	S	P	V	S	B	S	U	X	C	M	U	I	F	H	A
E	F	S	R	O	S	R	U	C	R	O	T	I	N	O	M	T
P	H	E	K	P	E	Z	T	L	L	P	Y	C	W	R	B	F
U	R	S	C	E	T	O	I	A	A	Z	R	W	E	M	I	Y
O	F	G	A	R	T	L	K	R	N	T	C	W	I	A	W	M
E	J	H	K	L	E	T	H	R	I	D	O	D	F	T	P	C
B	G	H	X	S	N	O	E	E	A	P	Z	R	U	I	K	U
T	F	W	E	Z	R	Z	W	T	I	S	S	T	A	E	U	M
F	I	B	Y	T	E	S	A	U	E	T	M	I	K	R	O	X
H	U	A	E	R	K	S	S	P	P	Y	V	S	E	E	M	M
L	M	N	B	X	O	B	S	M	E	T	Z	U	W	N	A	S
M	K	L	S	E	R	S	T	O	U	O	P	Y	A	S	W	O
S	R	T	A	E	D	I	S	C	U	W	P	C	B	H	S	Z
X	F	V	Y	B	E	U	F	J	K	N	D	M	J	A	R	N
D	Z	U	A	E	R	A	D	G	J	L	D	S	E	H	K	E

5 *Sport:* Rallye | Match | Foul | fair | Team | Hockey | Volleyball | Training | Rugby | Finish
Musik: Band | Jazz | Song | Beat | Musical
Kleidung: Pullover | Trenchcoat | Smoking | Sweater | Shorts
Essen / Trinken: Drink | Lunch | Beefsteak | Grill | Rumpsteak

6 arabisch: Kaffee, Mokka
englisch: Babysitter, Flirt
französisch: Massage, Toilette
griechisch: Bibliothek, Sympathie
italienisch: Girokonto, Makkaroni
japanisch: Judo, Opium
lateinisch: Interesse, Radius
persisch: Tapete, Teppich
türkisch: Basar, Kiosk
ungarisch: Csardas, Gulasch

Lösungen

Kapitel 4 ▸ Kommaregeln

1

1. Regel 2
2. Regel 4
3. Regel 7
4. Regel 5
5. Regel 8
6. Regel 1
7. Regel 6
8. Regel 2 und 3
9. Regel 1
10. Regel 5
11. Regel 7
12. Regel 2 und 3
13. Regel 6
14. Regel 8
15. Regel 4
16. Regel 2
17. Regel 2
18. Regel 1
19. Regel 2
20. Regel 2

2

1. + + + –
2. –
3. +
4. +
5. –
6. –
7. + –
8. –
9. – –
10. + –

3

1. +
2. –
3. +
4. +
5. –
6. +
7. + – +
8. –
9. –
10. + +

4

1. +
2. –
3. +
4. + – +
5. – –
6. +
7. – +
8. +
9. + +
10. +

5

1. – –
2. +
3. +
4. –
5. +
6. –
7. +
8. +
9. –
10. +

6

1. „Was du heute kannst besorgen, das verschiebe nicht auf morgen."
2. Wo du auch steckst, ich werde dich finden.
3. Ich mache immer nur das, wozu ich Lust habe.
4. Womit ich putze, ist doch egal!
5. Wenn ich nur wüsste, warum ich den Knoten in mein Ohr gemacht habe.
6. „Wer schläft, sündigt nicht."
7. Ich weiß gar nicht, worüber du dich so aufregst!
8. Endlich bekomme ich, worauf ich mich so lange gefreut habe.
9. Ich frage mich, wovon ich das bezahlen soll.
10. Weswegen ihr lacht, weiß ich nicht.

7

1. –
2. –
3. – –
4. + –
5. –
6. –
7. –
8. –
9. –
10. –
11. –
12. –
13. – –
14. –
15. –
16. –
17. +
18. –
19. –
20. –

1

Kapitel 5 ▸ Dehnung

1. Probieren geht über Studieren.
2. Jahre lehren mehr als Bücher.
3. Ohne den Hirten wird aus Schafen nie eine Herde.
4. Die Straße des geringsten Widerstandes ist nur am Anfang asphaltiert.
5. Wer zuerst kommt, mahlt zuerst.
6. In Büchern liegt die Seele aller vergangenen Zeiten.
7. Menschen mit Fantasie langweilen sich nie.
8. Überall geht ein frühes Ahnen dem späten Wissen voraus.
9. Pünktlichkeit stiehlt uns die meiste Zeit.
10. Wer vorsieht, ist Herr des Tages.

Kapitel 6 ▸ Schärfung

1

Gegenteil von Flut:	Ebbe
Haft:	Arrest
Turngerät:	Barren
Bodenbelag:	Teppich
langsames Tier:	Schnecke
Schultasche:	Ranzen
Botschafter:	Gesandter
Blitz und Donner:	Gewitter
Hinweisschild aus Karton:	Pappplakat
junger Teil eines Blattes:	Blatttrieb
gleichaltrige Geschwister:	Zwillinge
Tannengebinde:	Adventskranz
kleines Paket:	Päckchen
Kopfbedeckung:	Mütze
4. Fall:	Akkusativ
Tropfen einer schmierigen Substanz:	Fetttropfen
bargeldloses Zahlungsmittel:	Scheck
mit Zahlen versehen:	nummerieren
Geldstück:	Münze

Lösungen

Kapitel 7 ▸ s-Laut

1

Kapitel 8 ▸ das – dass

1

1. C) dass
2. E) dass
3. A) das
4. I) das
5. G) das
6. J) Dass, das
7. B) das
8. F) dass
9. H) dass
10. D) das

2

1. das (dieses)
2. dass (–)
3. Das (Ein)
4. Das (Dieses), das (ein), dass (–), das (dieses)
5. das (welches)
6. Dass (–), das (dieses)
7. Das (Ein), das (welches), dass (–)
8. Dass (–)
9. dass (–)
10. dass (–)
11. das (–), das (ein)
12. Das (Dieses)
13. das (dieses), dass (–)
14. das (dieses), das (welches)
15. dass (–), das (ein)

Die Regel lautet: Der Artikel „das" kann durch „ein", das Demonstrativpronomen „das" kann durch „dieses", das Relativpronomen „das" kann durch „welches" ersetzt werden; für „dass" gibt es keine Ersatzform.

Kapitel 9 ▸ Gleich und ähnlich klingende Vokale und Konsonanten

1

totsagen | totschießen | totfahren | totschlagen | totschweigen | tottreten | totlachen | totgeglaubt | totarbeiten

todkrank | todernst | todschick | todsicher | todunglücklich | todmüde | todblass | todelend | todwund

2

Stadtteil	Entschluss	unendlich
anstatt	entgleisen	Endspurt
Lagerstätte	Kreisstädte	Endstation
Entfernung	endgültig	endlos
stadtbekannt	Gaststätte	stattlich

A Worterklärungen

Verzeichnis der grammatischen Fachbegriffe

Fachausdruck	Erklärung	Beispiel
Ableitung	Bildung eines Wortes durch Veränderung der Laute	*er gibt → geben*
Adjektiv	Wiewort, Eigenschaftswort	*groß*
Adverb	Umstandswort	*dort, bald*
Akkusativ	4. Fall	*das Kind*
Anlaut	Laut zu Beginn eines Wortes	*Vogel*
Anredepronomen	Anredefürwort	*du, Sie*
Apposition	Erweiterung eines Nomens durch ein Nomen im gleichen Fall	*Peter, unser Klassensprecher, ist krank.*
Artikel	Begleiter, Geschlechtswort	*der, die, das; ein, eine, ein*
Auslaut	Laut am Ende eines Wortes	*brav*
Ausrufewort	Interjektion; drückt Empfindungen aus, dient als Anruf, ahmt Laute nach	*ach!, oh!, heda!, platsch!*
Befehlsform	Imperativ	*lies!*
Begleiter	Artikel, Geschlechtswort	*der, die, das; ein, eine, ein*
besitzanzeigendes Fürwort	Possessivpronomen	*mein, dein*
Beugung des Substantivs, beugen	Deklination, deklinieren	*der Duden, des Dudens*
Beugung des Verbs, beugen	Konjugation, konjugieren	*ich lese, du liest usw.*

Fachausdruck	Erklärung	*Beispiel*
bezügliches Fürwort	Relativpronomen	*der, die, das, welcher, welche, welches*
Dativ	3. Fall	*dem Kind*
Deklination, deklinieren	Beugung des Substantivs	*der Duden, des Dudens*
Demonstrativpronomen	hinweisendes Fürwort	*dieser, jener, der, die, das*
Dingwort	Substantiv, Nomen, Hauptwort, Namenwort	*der Schüler*
Diphthong	Doppellaut, Zwielaut	*ei, au*
Doppellaut	Diphthong	*ei, au*
Eigenschaftswort	Adjektiv, Wiewort	*grün*
Einzahl	Singular	*das Buch*
Fall	Kasus	*2. Fall: des Kindes*
Fürwort	Pronomen	*ich, mein, dieser, welcher*
Fürwort, besitzanzeigendes	Possessivpronomen	*mein, dein*
Fürwort, bezügliches	Relativpronomen	*der, die, das, welcher, welche, welches*
Fürwort, hinweisendes	Demonstrativpronomen	*dieser, jener, der, die, das*
Genitiv	2. Fall	*des Buches*
Geschlechtswort	Artikel, Begleiter	*der, die, das*
Grundform	Infinitiv	*lernen*

A Worterklärungen

Fachausdruck	Erklärung	Beispiel
Hauptwort	Substantiv, Nomen, Dingwort, Namenwort	*die Schülerin*
hinweisendes Fürwort	Demonstrativpronomen	*dieser, jener, der, die, das*
Homophone	gleich lautende Wörter, die verschieden geschrieben werden	*Buchseite – Gitarrensaite*
Imperativ	Befehlsform	*lies!*
Imperfekt	Vergangenheit	*ich lernte*
Infinitiv	Grundform	*lernen*
Inlaut	Laut im Inneren eines Wortes	*nervös*
Interjektion	Ausrufewort; drückt Empfindungen aus, dient als Anruf, ahmt Laute nach	*ach!, oh!, heda!, platsch!*
Kasus	Fall	*2. Fall: des Kindes*
Kompositum, Komposita	zusammengesetztes Wort	*Fuß + Ball = Fußball*
Konjugation, konjugieren	Beugung des Verbs	*ich lese, du liest usw.*
Konjunktion	Bindewort	*und, dass*
Konsonant	Mitlaut	*b, d, f usw.*
Mehrzahl	Plural	*die Bücher*
Mitlaut	Konsonant	*b, d, f usw.*
Mittelwort	Partizip	*lachend, gelacht*
Nachsilbe	Suffix	*fröhlich*
Namenwort, Nomen	Substantiv, Dingwort, Hauptwort	*der Schüler*

Fachausdruck	Erklärung	Beispiel
Nominativ	1. Fall	*das Kind*
Numerale	Zahlwort	*eins, viele, manche*
Numerus	Zahl	*Plural von Kuh: Kühe*
Partizip	Mittelwort	*lachend, gelacht*
Plural	Mehrzahl	*die Bücher*
Possessivpronomen	besitzanzeigendes Fürwort	*mein, dein*
Präfix	Vorsilbe	*Missgeschick*
Präposition	Verhältniswort	*in, an, hinter*
Pronomen	Fürwort	*ich, mein, dieser*
Relativpronomen	bezügliches Fürwort	*der, die, das, welcher, welche, welches*
Selbstlaut	Vokal	*a, e, i, o, u*
Singular	Einzahl	*das Buch*
Substantiv	Nomen, Dingwort, Hauptwort, Namenwort	*die Schülerin*
Suffix	Nachsilbe	*fröhlich*
Tätigkeitswort	Verb, Tunwort, Zeitwort	*lernen*
Tempus	Zeit	*Imperfekt von bringen: brachte*
Tunwort	Verb, Tätigkeitswort, Zeitwort	*lernen*
Umlaut	Aufhellung von Vokalen	*ä, ö, ü*
Umstandswort	Adverb	*dort, bald*
Verb	Tätigkeitswort, Tunwort, Zeitwort	*lernen*

Fachausdruck	Erklärung	Beispiel
Vergangenheit	Imperfekt	*ich lernte*
Verhältniswort	stellt eine Beziehung zwischen Ausdrücken her	*Ich liege auf dem Sofa.*
Vokal	Selbstlaut	*a, e, i, o, u*
Vorsilbe	Präfix	*Missgeschick*
Wiewort	Adjektiv, Eigenschaftswort	*grün*
Zahl	Numerus	*Plural von Kuh: Kühe*
Zahlwort	Numerale	*eins, viele, manche*
Zeit	Tempus	*Imperfekt von bringen: brachte*
Zeitwort	Verb, Tätigkeitswort, Tunwort	*lernen*